Johannes Chwalek

Unbeschwerte Stunden des Erzählens

Erinnerungen

Scholastika Verlag

Stuttgart

Erschienen im
Scholastika Verlag
Rühlestraße 2
70374 Stuttgart
Tel.: 0711 / 520 800 60

www.scholastika-verlag.com
E-Mail: c.dannhoff@scholastika-verlag.com

Zu beziehen in allen Buchhandlungen,
im Scholastika Verlag und im Internet.

Alle Rechte vorbehalten
1. Auflage
© 2023 Scholastika Verlag, 70374 Stuttgart
ISBN 978-3-947233-79-3
Lektorat: Petra Seitzmayer
Coverbild: Johannes Chwalek

Unbeschwerte Stunden des Erzählens – in meiner Jugend erlebte ich sie, ungefähr über zwei Jahre hinweg, als ich während der Schulwochen meinen Mentor aus dem Internat in seiner Pensionärswohnung besuchte und wir in zwei Sesseln um ein rundes Tischchen mit Tee und Gebäck saßen.

Heute, gut fünfundvierzig Jahre später, werde ich, so hoffe ich, vielleicht noch einmal den Anklang von damals erleben, wenn mich der Autor Thomas Berger besucht und ich ihm meine Bücherregale zeige. Ich stehe in meinem Arbeitszimmer – ich nenne es Studiersaal wie damals im Internat – und betrachte die Bücherregale. Die Führung Thomas Bergers an meinen Bücherregalen entlang wird den Anfang seines Besuches ausmachen, so stelle ich es mir vor.

Als ich ihn zum ersten Mal in seiner Wohnung in Kelkheim im Vordertaunus besuchte, warf ich meinerseits interessierte Blicke auf seine Bücherborde mit ordentlich nebeneinanderstehenden Bänden und sorgfältig einsortierten Aktendeckeln mit Feuilletonartikeln zu den jeweiligen Schriftstellern.

Die Besichtigung, die er mir angedeihen ließ, betraf jedoch nicht die Bücherborde, sondern ein Naturalienkabinett – niemals hätte ich dies bei ihm vermutet, kannte ich ihn bisher doch nur als Verfasser von Essays, Gedichten und Erzählungen. Er sagte mir, dass er bewusst die alte, für das 18. Jahrhundert typische Bezeichnung gewählt habe. Das Naturalienkabinett ist in einem Zimmer seiner Wohnung untergebracht, das damit seinen einzigen Zweck erfüllt. An allen Wänden stehen reich gefüllte Glasvitrinen, an denen kleine Schilder mit zoologischen und botanischen Begriffen die jeweilige Abteilung kennzeichnen. So finden sich etwa im lepidopterologischen Schrank Schaukästen mit Schmetterlingen, in der koleopterologischen Vitrine Käfer, in der limakologischen Schneckengehäuse und Schneckeneier und in der oologischen Vogeleier (von den kleinsten bis zu den größten der Laufvögel Nandu, Emu und Strauß). Andere Abteilungen – auch diese mit wissenschaftlichen Bezeichnungen versehen – bergen Muscheln, verschiedenfarbige Kristalle und Sand-Arten. Daneben sind zahlreiche Tierpräparate zu sehen, wie Strandläufer, Schnepfen, Eichelhäher, Marder, Igel und Eichhörnchen. Die größten Exponate betreffen, frei an der Wand hängend, zwei Geweih-Schädel von einem Elch – dieser wiegt 64 kg – und einer Elenantilope.

Thomas Berger erläuterte mir seine Schätze, erklärte mir dabei eine Reihe von Fachausdrücken und beantwortete meine Fragen, wo er dies und das erstanden habe, erzählte mir auch, welche Schwierigkeiten bei der Lagerung der Exponate auftreten können, da sie leicht von Schädlingen befallen würden.

Er zog einen Glaskasten aus der arachnologischen Vitrine hervor mit präparierten Vogelspinnen. Viele seiner Besucher hätten zu diesem Zeitpunkt der Führung durch sein Naturalienkabinett *genug* und würden *die Flucht ergreifen*, sagte er. Ganz ruhig hörte ich ihm zu und sah auf die präparierten Spinnen unter Glas. Nach *Flucht* war es mir nicht gleich zumute, aber angenehm fand ich den Anblick trotzdem nicht. In meiner Jugend, kurz nach dem Weggang vom Internat, leistete ich ein Soziales Jahr ab, ich wohnte in einer nordhessischen Stadt in einem

Kellerzimmer. Wenn ich sonntagabends dort ankam und die Tür aufschloss, fiel mein Blick auf große schwarze Spinnen, die während meiner Abwesenheit die Wände hochgekrabbelt waren. Nicht dass ich erbaut war von meinen Mitbewohnern, aber ein Erschauern packte mich auch nicht, wie das heute zweifellos der Fall wäre. Heute könnte ich nicht wie damals einfach das Licht ausschalten und mich ins Bett legen zum Schlafen.

Neben den erwähnten zoologischen befinden sich botanische Sammlungen in Thomas Bergers Kabinett. Diese bieten viele Teile unterschiedlicher Pflanzen, untergebracht in Glasbehältern, darunter Stein- und Nussfrüchte, Samen, Kräuter und Gewürze sowie eine Reihe von Zapfen. Auch mehrere Herbarien mit getrockneten und gepressten Pflanzenteilen gehören dazu.

Unbeschwerte Stunden des Erzählens – die Hoffnung auf eine Wiederholung der vor Jahrzehnten gemachten Erfahrung mit meinem Mentor aus dem Internat, sei es auch nur für ein einziges Mal, wenn mich Thomas Berger in meiner Wohnung in Mainz-Kostheim besucht, nährt sich davon, dass er bei *meinem* Besuch in seiner Wohnung in Kelkheim aufmerksam war für das, was ich sagte. So erwähnte ich vor seinen Schmetterlings-Präparaten Hermann Hesses Erzählung *Das Nachtpfauenauge*, die er nicht kannte, und berichtete knapp den Inhalt. Später, als ich mich mit ihm wieder in seinem Arbeits- und Bibliothekszimmer befand, holte er einen Band mit Hesse-Erzählungen hervor, suchte und entdeckte *Das Nachtpfauenauge*. Die ersten drei, vier Sätze las er laut vor, lächelte mich an und machte wohl auch eine anerkennende Bemerkung. Am Abend wollte er die Erzählung lesen. – Oder ich hatte sein Naturalienkabinett kommentiert mit dem vermeintlichen Goethe-Zitat, Sammler seien glückliche Menschen. Auch das hörte er *mit Bedacht*. Später griff er nach einer Zitatentafel und las einige Beispiele vor, und siehe da, das Zitat von den glücklichen Sammlern befand sich mit Goethes Namen darunter.

Unbeschwerte Stunden des Erzählens – ich male mir den Idealfall aus, dass Thomas Berger ein guter Zuhörer ist, also auf die *rechte Weise Ohr ist* und geistreich repliziert. Meine Bücherregale sind nicht nur Bücherborde mit *ordentlich aneinandergereihten Bänden*, sondern enthalten Bilder, Fotografien, Erinnerungsstücke, Gipsplastiken, Zeichnungen usw. *Im Grunde* sind sie das *Museum meines Lebens*. Meinetwegen ein *aktives Museum*, ein *Museum zum Mitmachen* oder wie das heute heißt, weil ich ja mit einigen Bänden arbeite, aber *letztlich* stehen doch mehr Erinnerungsstücke darin als Bücher oder andere Gegenstände, die ich noch brauche. Wann habe ich auf diese Weise zu denken gelernt, dass meine Bücherregale zum *Museum meines Lebens* geworden sind? Es muss schon bald zwanzig Jahre her sein, dass ich folgenden Dreizeiler schrieb:

bücher vergilben
der weg alles irdischen
in meinem besitz

Im Verlauf von bald zwanzig Jahren kamen weitere Ereignisse und Überlegungen hinzu, von denen die Führung

Thomas Bergers durch sein Naturalienkabinett den Abschluss bildete. Sie ließen in mir den Gedanken reifen, selbst eine Führung zu veranstalten. So besuchte ich im Sommer 2005 meinen alten Philosophieprofessor Richard Wisser. Ich hatte bei ihm im Jahr 1997 die Prüfung zum Ersten Staatsexamen gemacht und später – 2004 – einen Band seiner Lyrik in einem kleinen österreichischen Verlag herausgegeben. Der Professor führte mich nach Kaffee und Kuchen, den wir zusammen mit seiner Frau im Wohnzimmer einnahmen, durch seine Heimatstadt Worms, erläuterte mir das Lutherdenkmal, zu dem wir nur die Straßenseite wechseln mussten; erklärte mir den Dom von außen und innen sowie den alten jüdischen Friedhof. Zurück zu seinem Haus, führte er mich in das Kellergeschoss, wo sein Büro, seine Bibliothek und sein Archiv untergebracht waren. Im Büro bogen sich die Regalbretter an den Wänden förmlich unter der Last der aufgereihten Folianten und allen weiteren Schriftgutes, das sie noch zu tragen hatten. Oder kam es mir nur so vor, dass sich die Regalbretter *bogen*, weil sie *über und über* gefüllt waren? Ich sehe noch, wie der Professor einen Schrank öffnete, in dem Abschlussarbeiten seiner Doktorandinnen und Doktoranden, Habilitandinnen und Habilitanden in großer Anzahl standen, außerdem lagen auf dem Schrankboden, in mehreren Kartons verpackt, Tonbänder mit Mitschnitten seiner Vorlesungen. Schließlich führte mich der Professor zu einer Kommode, auf der wiederum *eine ganze Anzahl* seiner in einem Kopierladen gebundenen Lyrik-Bände zu sehen waren. Ich machte große Augen. Zwar hatte ich für die Auswahl und Herausgabe seines Buches in einem kleinen österreichischen Verlag einige dieser Bände von ihm geschickt bekommen, aber dass er noch *so viele davon* zu Hause stehen hatte – die vier- oder fünffache Anzahl – hatte ich nicht vermutet. Nun geschah etwas Seltsames: Der Professor blickte mich für einen Moment eindringlich an. Ich erkannte sofort, was sein Blick zu bedeuten hatte: Ich sollte mich *um seine Gedichte kümmern*, insgesamt wie sie auf der Kommode standen oder wenigstens eine erkleckliche Auswahl davon; ich sollte für ihre Veröffentlichung sorgen. Auf den Blick des Professors erwiderte ich nichts, wusste jedoch schon, dass es nicht einfach werden würde, seinem Wunsch zu genügen. Die Veröffentlichungsgeschichte seines Lyrik-Buches im kleinen österreichischen Verlag hatte es mich gelehrt.

Mit der Leiterin eines literarischen Blogs, Frau S., besuchte ich Professor Wisser nach elf Jahren wieder in seinem Haus in Worms; in der Zwischenzeit waren wir, wie vorher auch, in brieflichem Kontakt geblieben. Das Lutherdenkmal, der Dom und der alte jüdische Friedhof wären mir gewiss unverändert erschienen gegenüber dem Sommer des Jahres 2005, aber der Professor war ein anderer geworden. Seine Frau war gestorben. Er müsse für seine beiden Söhne kochen, erzählte er mit einer Stimme, die seine Beanspruchung erkennen ließ. Frau S. und mich führte er durch sein großes Haus mit vielen Zimmern, Korridoren und Wohntrakten; Räumlichkeiten, die ich bei meinem ersten Besuch nicht zu Gesicht bekommen hatte. Ein Fernsehgerät aus den sechziger oder siebziger Jahren wurde mir zum Leitmotiv der Führung des Professors durch den Trakt seines Hauses: als einer Welt von gestern. Teilweise waren Möbelstücke mit Folien überdeckt. Alles atmete den verblichenen Glanz vergangener Jahrzehnte. Der Professor sprach viel, beinahe ununterbrochen, Frau S. und ich waren Zuhörer. Auch sonst hatte der Professor immer viel gesprochen, aber sich doch auch *wirklich* für sein Gegenüber interessiert, hatte Fragen gestellt, zugehört und war auf die Antworten, die er erhielt, eingegangen. Nun bemerkte ich dies nicht mehr an ihm. Was war geschehen? Frau S. und ich unterbreiteten ihm den Vorschlag, seine Gedichte wöchentlich auf dem Blog zu veröffentlichen. Der Professor war einverstanden und hielt darauf, dass ich die Gedichte heraussuchen und an Frau S. mailen würde, damit sie sie hochladen könnte – das Prozedere hatte Frau S. ihm, dem Ahnungslosen in allen Computerangelegenheiten, zuvor darzulegen versucht. (Ein früherer Mitarbeiter des Professors erzählte mir, Wisser sei froh gewesen, der Digitalisierung durch seine Emeritierung im Jahr 1998 gerade noch entkommen zu sein.) Nur ein Bild wollte der Professor nicht mehr von sich veröffentlichen lassen auf dem Blog, wie es bei den anderen Autorinnen und Autoren der Fall war, weil er mit fast neunzig Jahren bei Weitem der älteste Teilnehmer war. Sein Sohn sandte mir kurz darauf mit der Post alle in einem Kopierladen gebundenen Bände, die mich im Sommer 2005 ob ihrer *großen Anzahl* in Erstaunen versetzt hatten.

Jeden Montag ging der Professor in die Stadtbibliothek Worms und ließ sich am Computer zeigen, welches seiner Gedichte von Frau S. im Blog eingestellt worden war. Wenn Frau S. in den Urlaub fuhr und die wöchentliche Veröffentlichung unterbrochen war, rief er mich an und fragte nach dem Grund. Sonst wollte er nichts mehr wissen. Sein Geist hielt im Kontakt mit mir nur noch diesen einen Gedanken fest: dass ich zusammen mit Frau S. dafür sorgte, dass möglichst jeden Montag ein Gedicht von ihm online in der Stadtbibliothek Worms zu lesen war.

Als der Professor mit zweiundneunzig Jahren starb, waren 161 Gedichte von ihm auf dem Blog eingestellt. Zu einer Fortsetzung der Veröffentlichungsreihe kam es nicht mehr. Frau S. bemühte sich um die Erlaubnis der Söhne, die jedoch nicht reagierten, so oft Frau S. ihre Anfrage auch erneuerte. Auch eine ehemalige Mitarbeiterin des Professors, die er promoviert und habilitiert hatte, welche auch die Familie des Professors gut kannte und nun selbst Professorin war an einer kaum entfernten Universität, wusste keinen Rat, um den sie Frau S. zweimal gebeten hatte.

Ich sitze in meinem Studiersaal wie eine Spinne in ihrem Netz und betrachte meine sieben Bücherregale. Das Netz ist wohlig und umfängt mich. Versinke ich schon darin? Aber *im Überschwange noch einmal vorm Vergängnis blühn.* Thomas Berger, der Essayist, Lyriker, Erzähler und Naturalien-Sammler, möge mir helfen bei der einzigen Führung, die ich geben kann. Was habe ich zu sagen? Taugt eine Probe für *unbeschwerte Stunden des Erzählens*?

Erstes Regal

Bücher erzählen Geschichten; das gleiche Buch viele eigene Geschichten. Wenn Texte nur noch über den Bildschirm flirren, gehören die vielen eigenen Geschichten der Vergangenheit an.

Die hellbeigen Klassiker-Bände haben mir in den mittleren Achtzigerjahren den verachtungsvollen Blick einer Besucherin eingebracht. Sie war mit ihrem Freund gekommen, Burkard S., ein Bekannter aus meinem letzten Internatsjahr 1975/76, als er aus familiären Gründen noch aufgenommen worden war und einen Platz neben mir am Tisch im Speisesaal einnahm. In M. hatten wir uns zehn Jahre später wiedergetroffen. Beim verachtungsvollen Blick seiner Freundin auf meine hellbeigen Klassiker-Bände hielt er sich zurück und versuchte, Neutralität zu wahren. Wenn ich an die Szene denke, assoziiere ich eine weitere, die ich ungefähr um dieselbe Zeit, wenn auch etwas später, erlebte. Ich besuchte zum ersten Mal ein *Szene-Café* in der M.er Neustadt, saß an einem Tisch, aber wurde nicht bedient. Nicht dass mich die Bedienung nicht gesehen hätte; warf sie mir doch mehr als einmal einen abschätzigen Blick zu. Wir kannten uns nicht, sodass ein persönlicher Groll ihrerseits gegen mich entfiel. Ich sah mich um im *Szene-Café* und rätselte: War mein Sakko die Ursache, dass ich von der Bedienung *geschnitten* wurde? Es handelte sich, wenn ich mich recht erinnere, um kein *feines* Sakko, sondern um ein *ganz normales*, ein *Alltagssakko*. Immerhin war ich der einzige Sakkoträger im Gästeraum, wie ich mich überzeugte. Sollte es tatsächlich eine Schnittmenge geben, überlegte ich, zwischen meinen hellbeigen Klassiker-Bänden und meinem Sakko?

Eine illustrierte, großformatige und von einem kartonierten Schuber umschlossene zweibändige *Faust*-Ausgabe. Ich habe sie gewonnen im Schach; ebenso wie zwei Bände des *Mannes ohne Eigenschaften*. Dass ich mich auf die Wetten einließ, war nicht ganz fair. Auch augenblickliche Willensanstrengung und *Fanatismus* versetzten meinen Gegner nicht in die Lage, mir auf den vierundsechzig Feldern das Nachsehen zu geben. *Fair wäre es gewesen, weitere Partien anzubieten* – ohne Einsatz. Aber sei's drum! Die Situation gab es her. Hätte es meinen Gegner nicht mehr gekränkt, wenn ich auf seine Wettangebote *großmütig* verzichtet hätte und *nur so* hätte spielen wollen?

Ein Taschenbuch über Kleist (es liegt immer auf den hellbeigen Klassikerbänden, wenn auch nicht genau auf den Kleist-Bänden). Mein verstorbener Bruder Herbert (1951–2005) hat es mir geschenkt. Ich habe nur *hineingeschaut*. Es genügt mir, dass es ein Geschenk des verstorbenen Bruders ist.

Die Biografie von Wolfgang Matz über Adalbert Stifter zeigt die Schwierigkeiten, die Qualen und den Irrsinn im Leben des Mannes auf, der das *sanfte Gesetz* zum Kunstprinzip erhoben und die wohlgeordnetste Welt beschrieben hat, die mir in der Literatur je vorgekommen ist. Doch die *fürchterliche Wendung der Dinge*, wie es im Untertitel heißt, lässt sich in Stifters Prosa allenthalben finden – und wird von seinem Biografen in Beziehung gesetzt zum Leben des Autors. Eine Biografie – also Sekundärliteratur – aus eigenem Antrieb zweimal lesen? Hier schon!

Als *rudimentären Goethe-Leser* kann ich mich bezeichnen: *Werther, Faust, Gedichte*. In meiner Jugend habe ich *Dichtung und Wahrheit* zur Hand gehabt; *Egmont, Iphigenie* usw. Aber die Frage lautet: Was nimmt man von einem Autor, einer Autorin nochmals aus dem Regal? Womit beschäftigt man sich längere Zeit? Oder immer wieder? – Anders Schiller, *von dem* und *über den* ich immer wieder lese.

Wie verhält es sich bei Thomas Berger? Die Weimarer Klassiker, Stifter? In seinem *Dichter Abc* (*Auf Dichterspuren. Literarische Annäherungen*, 2020) sind sie nicht aufgeführt. Welche Bedeutung haben sie für ihn? Ich nehme mir vor, ihn danach zu fragen. Was Stifter betrifft, habe ich bei meinem Besuch zwar eine mehrbändige Werkauswahl in seinem Bibliotheks- und Arbeitszimmer entdeckt, aber meine Erwähnung von Stifters Namen hat seinerseits keine engagierte Reaktion hervorgerufen. Müsste der Naturliebhaber und *eingeschworene Naturbeschreiber* Adalbert Stifter dem Besitzer eines Naturalienkabinetts Thomas Berger nicht nahestehen? Hat die Natur bei Stifter nicht eine Aura, die sie weitab vom technisierten Nutzen- und Zweckdenken entfaltet? Ist Stifter deshalb nicht ein Autor, den wir *heute* suchen?

Es gibt ihn: den *Stifter-Tonfall*, wie es einen *Tonfall* bei Kleist, Hölderlin, Thomas Bernhard oder Jürgen Kross gibt. Ich trage ihn mit mir herum wie bekannte Melodien. Von Zeit zu Zeit kehre ich lesend zu ihm zurück.

Die erste Erinnerung an meinen Mentor aus der Internatszeit: ein Goldmann-Taschenbuch mit Goethes Gedichten und einer Widmung:

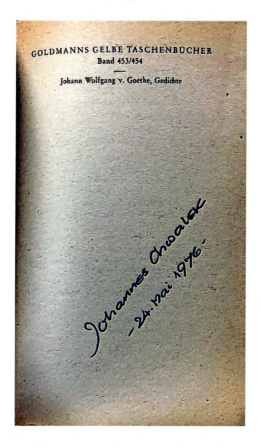

Dem *erblassenden* Licht entzogen, hat sich die Widmung *gut gehalten*. Seitdem das Buch von einer Buchstütze getragen wird und der Frontdeckel ein wenig absteht, wird es anders sein. Aber in welchem *Zeitraum*?

Eine Philosophiegeschichte mit Quellentexten in sechs Bänden, gekauft in Bensheim, Mitte der siebziger Jahre. Ihr Besitz machte mich froh, nicht weil ich ein eifriger Philosophie-Leser geworden wäre, sondern weil ich empfand, dass es gut wäre, eine solche Philosophiegeschichte zu *besitzen*. Ich war zu einem Büchersammler geworden; eine Eigenschaft, die ich lange beibehielt. Heute leihe ich mir Bücher meistens in der Stadtbibliothek Mainz aus, anstatt sie zu kaufen.

Der Wunsch, etwas *Ganzes* zu besitzen – denn ich ging davon aus, dass eine Philosophiegeschichte mit Quellentexten in sechs Bänden von der Antike bis Hegel etwas *Ganzes* darstellte – spielte bei meiner Kaufentscheidung sicherlich auch eine Rolle. Meinem Bruder erklärte ich damals freiweg: »Nach Hegel ist Schluss.« Was meinte ich damit? Ich hätte es wohl nicht erklären können.

Zweimal arbeitete ich intensiv mit der sechsbändigen Philosophiegeschichte: als ich fünfzig fiktive Interviews mit Philosophen schrieb, die in einem schmalen Band erschienen, und für didaktische Hefte in einem Schulbuchverlag. Hatte ich dann endlich die Philosophiegeschichte ihrer Bestimmung zugeführt?

Heute stelle ich abwechselnd einen der sechs Bände der Philosophiegeschichte auf einen Bücherständer, zur Erinnerung an die grandiose Internatszeit, die von Ahnungen erfüllt war.

Der Essayist Thomas Berger wird vielleicht noch gedanklich verweilen wollen bei der Philosophiegeschichte.

Stellt *das Ganze* – so trügerisch es sein mag – nicht auch etwas *Repräsentatives* dar? Ist ein Büchersammler nicht überhaupt auf *Repräsentation* aus? Soll *das Ganze* und *Repräsentative* Sicherheit und eine endlich erreichte Höhe bedeuten? Aber welche *Sicherheit* und welche *Höhe*?

Jetzt kommen die Tiere dran. Heute könnte ich von mir als Junge um die zehn Jahre etwas lernen, was Fauna-Kenntnisse betrifft. Paul Eippers (1891–1964) Erstveröffentlichung *Tiere sehen dich an* (1928; erweitert 1952; Ausgabe von 1970) kaufte ich in der längst geschlossenen *Lehrmittelanstalt* in der Bahnhofstraße in Bensheim (gegenüber der ebenfalls längst geschlossenen Zoohandlung Eberle) und las es mit Begeisterung. War es nicht überhaupt das erste Buch, das ich von meinem Taschengeld erwarb?

Ich habe kein Bild mehr im Kopf, welches mich beim Kauf von Eippers erzählendem Tierbuch in der *Lehrmittelanstalt* zeigt; nur das eine, dass ich im Studiersaal der Unterstufe, wie wir damals sagten, auf dem mittleren Platz in der hintersten Reihe sitze. Es war im *dritten Studium* vor dem Abendessen, wo wir uns selbst still beschäftigen durften, wenn alle Schulaufgaben erledigt waren, ich hielt Eippers Buch in der Hand. Damals durfte ich für vierzehn Tage bis zum nächsten Heimfahrwochenende zwei Mark Taschengeld besitzen. Eippers Buch, das vielleicht vier oder fünf Mark gekostet hatte, hätte ich mir ersparen müssen – auch daran keine Erinnerung mehr. Ist das nicht eigentlich *verdächtig*? Habe ich das Buch etwa geschenkt bekommen zu Weihnachten?

Eippers erfolgreichstes Buch war *Die gelbe Dogge Senta* (1936). In meinem ersten oder zweiten Internatsjahr (in den Schuljahren 1970/71 oder 1971/72) lieh es mir mein Deutsch- und Klassenlehrer Hans Rücker aus. Er hatte es selbst im Jahr 1969 erworben (erhalten) und mit zahlreichen Bleistift-Anmerkungen versehen. Auch dieses Buch las ich mit Freuden. Zwei Episoden sind mir bis heute in Erinnerung geblieben: dass die Frau des Autors mit *Senta* im Wald spazieren ging. Zwei *dunkle Gestalten* näherten sich ihr frech, gaben aber sogleich Fersengeld, sobald sie des majestätischen Tieres ansichtig wurden. Und: *Senta* erreichte es zur Nachtzeit durch fortwährendes Jaulen im Flur, ins Schlafzimmer von Herrchen und Frauchen gelassen zu werden. Auch ein *majestätisches Tier* wie eine Dogge ist ein *Hundchen* wie andere auch.

In einem kleinen Aufsatz mit dem Titel *Anmerkungen zur These vom Ende des Buches* komme ich auf meine Lektüre zu Kinderzeiten von *Die gelbe Dogge Senta* zu sprechen. Meinem ehemaligen Deutsch- und Klassenlehrer – die gesamten sechs Jahre auf der Schule in Bensheim! – sandte ich die Zeilen.

Hans Rücker befand sich im Publikum, als ich am fünften Februar 2020 im Sitzungssaal des Rathauses Bensheim, der ehemaligen Kapelle des Bensheimer Konvikts (Internates), aus meinem Roman *Gespräche am Teetisch* las. Anschließend schenkte er mir die alte Ausgabe von *Die gelbe Dogge Senta*, die ich vor fünfzig Jahren in den Händen gehalten hatte. Er las mir seine Widmung vor, worin er ein Zitat aus meinem Roman eingeflochten hatte – aber ich bemerkte es nicht gleich.

Erst nach einem oder zwei Tagen dämmerte mir der Zusammenhang.

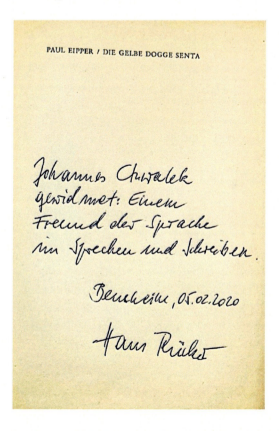

Was die Werke Heinrich Bölls betrifft (links im dritten Fach gestapelt als weiße Taschenbücher) – Marcel Reich-Ranicki gab eine Erklärung für den rasch verblichenen Ruhm des Literatur-Nobelpreisträgers von 1972: Böll habe mit seinen Alltagsfiguren eine Identifikationsmöglichkeit geschaffen; Figuren, die in der NS-Zeit leben, zwar keine

Widerstandskämpfer sind, aber sich trotzdem nicht von der braunen Ideologie vereinnahmen lassen. Das schmeichelte dem Ego; *sauber geblieben zu sein* ... Die Menschen, die sich dermaßen durch Bölls Bücher schmeicheln lassen wollten, sind größtenteils verstorben. Besteht kein Bedarf mehr an Bölls Büchern? Davon gehe ich nicht aus. *Die verlorene Ehre der Katharina Blum* (1974), ebenso manche Kurzgeschichten aus seiner ersten Zeit als Schriftsteller sprechen dagegen. Wer weiß, ob dieser Autor nicht *wiederentdeckt* wird?

Das mittlere Regalfach – links das grüne Buch auf einer Buchstütze ist eine Anthologie und enthält eine Erzählung, die ich mit Bernhard Ruppert gemeinsam geschrieben habe: *Die Sonne hat die Breite des menschlichen Fußes. Rundgänge mit Heraklit.* Die Idee besteht darin, dass der Ich-Erzähler als Schüler eines Internats in einer Abendfreizeit zusammen mit einem philosophiekundigen älteren Mitschüler das Konviktsgebäude umrundet. Auf jeder mit den Himmelsrichtungen bezeichneten Seite des Hauses ist ein Heraklit-Zitat aufgestellt, das den Gegenstand des Gesprächs zwischen den beiden Schülern bildet.

Am Anfang der Erzählung taucht der *Prä* auf und interessiert sich dafür, was der Ich-Erzähler als Lektüre in die Abendfreizeit genommen hat. Es entspinnt sich ein kurzer Dialog, in dem das Wohlwollen des klugen Internatserziehers, der sich mit Heraklit-Fragmenten und -Editionen auskennt, für den Ich-Erzähler deutlich wird.

Die Verbindung von Antike und (katholischem) Christentum verkörperte mein Mentor – oben genannter Internatserzieher – wie kein Zweiter, der mir begegnet ist. Welche Verbindung meine ich? Die antiken Denker, zumal die aus der Perikles-Zeit, als Wegbereiter des Christentums im Geist? Platon und die *Idee des Guten*? Der *unbewegte Beweger* bei Aristoteles? Oder ist es die Überzeugung, zwei zeitlich ineinander übergehenden Epochen der Menschheitsgeschichte anzuhängen, die beide auf ihre Weise *Triumph* verkörpern, im Denken, Bauen, Leben usw. – und im Glauben?

Griechisch-römische Antike – für uns Schüler in den siebziger Jahren des vergangenen Jahrhunderts eine Angelegenheit von Vokabeln, Grammatik und Wörterbuch. Für unsere alten Lehrer ging aber mit dem Erlernen der klassischen Sprachen noch eine Haltung einher, die Ausdruck des Gefühls war, im Umgang mit der Antike, mit dem perikleischen Zeitalter zum Beispiel, in den Dienst einer unvergleichlichen Blütezeit der Menschheitsgeschichte zu treten. Hatten unsere Lehrer recht damit? Mein Mentor, der nicht mehr unser Lehrer war, aber dieselbe Haltung verkörperte? Die Fülle bahnbrechender Geister auf den verschiedensten Gebieten wie Philosophie, Poesie, Architektur, Bildende Kunst, Mathematik, Astronomie oder Politik bestimmte die Nachgeborenen zu der Vermutung, es müsse sich um ein begünstigtes Geschlecht gehandelt haben, bei dem die Sehnsucht nach einem freien und erhabenen Leben, wie wir es selbst für die Zukunft erträumten, Gestalt gewonnen hatte. Gibt es so etwas wie das allgemeine Lebensgefühl einer Epoche, das sich vergleichen lässt mit dem Gefühl anderer Epochen? Steht nicht andererseits jede Epoche nach einem bekannten Diktum *unmittelbar zu Gott*, das heißt: unvergleichbar für sich zu Gott? Stritten die Griechen nicht auch untereinander im Heerlager vor Troja? Und verlor Odysseus nicht alle seine Gefährten, bevor er heimkehren konnte nach Ithaka? Wem das zu abgehoben erscheint, der schaue sich die Lebensläufe des Perikles oder Themistokles an: Kampf allenthalben. Trotzdem bleibt die griechisch-römische Antike der Traum eines Lebens, das vielleicht einmal war, wie es sein soll – und vielleicht wieder neu entstehen kann.

gegen die gottheit
kairós gefrevelt – immer
erinnyen am hals

*

als der jugendfreund.
das lange haar gefallen.
erloschener glanz

*

fern der heimat, dem
alter entgegen, wo der
mühsale viele

*

schlafen will ich nun
dem göttlichen frühlicht zu
im straßenverkehr

Der Altphilologe und Theologe Thomas Berger schrieb mir in einer E-Mail: *Die Antike – es ist wirklich enorm, dass in dieser – heute vernachlässigten – Zeit wesentliche existentielle Fragen des Menschseins durchdacht wurden.*

Wird mich der evangelische Theologe Thomas Berger zu meiner Haltung zum Katholizismus befragen? Vielleicht auch einfach nur zur Bedeutung der Religion für mich? Wie auch immer, ich werde zur Antwort geben, dass die Stichwörter *Religion* und *Katholizismus* die Konviktskapelle der Internatszeit vor mein geistiges Auge bringen. Sechs Jahre lang suchte ich sie während der Schulzeit morgens und abends mit den Mitschülern auf. Heute muss ich mir diese Ruhepunkte selbst schaffen. Wann beginne ich damit?

Das dtv-Taschenbuch *Antike Geisteswelt I. Eine Sammlung klassischer Texte*, Auswahl und Einführungen von Walter Rüegg (1918–2015), mittlerweile vergriffen, aber im Internethandel noch erhältlich, steht als Geschenk meines Mentors im Ausklang meiner Internatszeit auf einem Bücherständer (Band 2 dahinter). Für den Unterricht und ein Heft in einem Schulbuchverlag habe ich Auszüge verwendet; Merkzettel stecken noch drin. Jahrzehnte nach dem Tod meines Mentors im Jahr 1985 für aktuelle Zwecke von seinen beiden Buchgeschenken Gebrauch zu machen – ein Gefühl, als ob die Zeit aufgehoben sei und

ich mit meinem Mentor wieder in einen konkreten Dialog
treten könnte.

lob der freundschaft

neues vergangnes
tage und nächte im haus
das wir bewohnten

im takt der regeln
ganz verschiedner aufgaben
ungleichem alter

das lob der freundschaft
aus der unwahrscheinlichkeit
bis jetzt geflochten

kraft stillen glanzes
den starren lehm zu brechen
nach des dichters wort

*

einmal

einmal war es da
dessen du bedürftig bist
mit dem blick zurück

einmal geschah es
dass du dachtest so geht's fort
blieb der einz'ge wink

einmal umhüllt' dich
was du einzig richtig hältst
und verschwand auch schon

einmal dieser wink
diese sprache der götter
dieser weg vor dir

Meine Großmutter Auguste Kolb, geb. Lauck (1898–1979) schenkte mir vier dicke Bücher plus eine Mappe mit technischen Zeichnungen über das Ingenieurswesen. Sie hatten ihrem Vater gehört, der Anfang der dreißiger Jahre verstorben war. Die Großmutter erzählte, er habe auf die aufkommenden Nazis noch geschimpft. Der Urgroßvater mütterlicherseits, den ich von alten Fotos *kenne*, studierte die Bücher und die Mappe mit Zeichnungen in seiner Freizeit. Von Beruf war er Schuhmachermeister, fertigte Maßschuhe an in seiner Werkstatt im Erdgeschoss seines Hauses in der Hauptstraße 29 in Flörsheim am Main.

Das hätte mich interessiert: Welche Bedeutung er seinem Interesse am Ingenieurswesen entgegenbrachte. Nur ein *Ausgleich* oder eine *schmerzliche Sehnsucht*, weil er selbst kein Ingenieur werden konnte? Wann begann sein Interesse am Ingenieurswesen? Spricht gegen die These einer *schmerzlichen Sehnsucht,* dass er seiner ältesten Tochter, meiner Großmutter, verbat, am Werktag spazieren zu gehen mit dem Wort: *Wir sind keine Nobel-Leute*? Auch nahm er es hin (hielt es für richtig?), dass seine Älteste nicht Lehrerin werden konnte, was ihr großer Wunsch gewesen war. Hätte er sie nicht, wenn er selbst nicht eine *schmerzliche Sehnsucht* nach höherer Bildung verspürt hätte, in ihrem Wunsch nicht unterstützt?

In der Kindheit besuchte ich mit der Großmutter die Gräber der Urgroßeltern auf dem Alten Friedhof in der Jahnstraße in Flörsheim; die Urgroßmutter war in den vierziger Jahren verstorben. Die beiden Gräber waren einheitlich bepflanzt und ganz unscheinbar. Sie sind längst *abgetragen* worden. Auch das Grab meiner Großmutter auf dem Alten Friedhof, ein Tiefgrab, in das sie nach meiner Mutter Anna-Maria Chwalek, geb. Kolb (1928–1959) und meinem Großvater Josef Kolb (1894–1971) gelegt worden war, ist *abgetragen* worden. Auf Dauer soll der Alte Friedhof ein Parkplatz werden.

Am Abend des 23. Mai 1974 schenkte mir mein Mentor die Schallplatte *Hamburger Concerto* von *Focus* mit dem Wort: *Bedeutenden Menschen gratuliert man am Vorabend!* Am nächsten Tag wurde ich 15 Jahre alt; die Haare trug ich lang. *Bedeutend* bin ich nicht geworden, aber als *Korrektiv* zu den Verwünschungen und Beschimpfungen der Stiefmutter in der Bürgermeister-Lauck-Straße 11 in Flörsheim war es ein gutes Wort.

Gert Uedings Erinnerungsbuch an Ernst Bloch. Den Ausführungen ist abzulesen, wie stark Blochs Persönlichkeit gewirkt hat auf jemanden, der mit ihm in vertrautem Umgang stand. Ueding erzählt von einer Zeit des Studierens vor der Bologna-Reform. Der Adel des Studierens war noch gegeben, anstatt dass ängstliches Bemühen um enge Vorgaben für Lehrende und Lernende drückt. Worin bestand der Adel des Studierens? In der größeren Freiheit des selbstorganisierten Semesterplans.

Auch die inhaltliche Auswahl war größer. Germanistik zu studieren, bedeutet heute nicht selten Linguistik vom ersten Semester bis zum Examen *rauf und runter*, auch als Lehramtsstudent oder -studentin, obwohl literaturwissenschaftliche Seminare *für die Praxis* wichtiger wären. Hieß es nicht einmal, *die Praxis* sollte stärker berücksichtigt werden?

Oder Philosophie: Die Anpassung an den *europäischen Standard* heißt heute, mit Logik-Eingangsklausuren von vornherein *zu sieben* und den Deutschen Idealismus mit Hegel, Schelling, Fichte auf Sparflamme zu setzen. *Angesagt* ist Sprachphilosophie in anglikanischer Tradition. – Nicht mehr meine Zeit!

Das alles hat sich lange vorbereitet. Als ich Mitte der neunziger Jahre bei einem Philosophie-Professor mittleren Alters Ernst Bloch als Prüfungsthema für das mündliche Magister-Examen vorschlug, bekam ich zur Antwort: *Bloch ist out!* Schon Anfang der neunziger Jahre stellte der langjährige Weggefährte Blochs, Hans Mayer (1907–2001), fest, dass die Rezeption Blochs nachgelassen habe und allenfalls Kritik am selbstgewiss-utopischen Gehalt seiner Philosophie vernehmbar sei.

Das Prinzip Hoffnung auf eine Welt, die des Menschen würdig ist, wo er endlich zu Hause sein kann, wie es in einem Filmbeitrag noch zu Lebzeiten Blochs heißt, erscheint uns heute immer verwickelter, aber die Fackel des aufrechten Gangs für den Menschen hoch zu halten und seine Sehnsucht nach *Heimat* zu formulieren, bleibt jenseits des allgegenwärtigen marktwirtschaftlichen Denkens bedeutsam.

Blochs *Leipziger Vorlesungen zur Geschichte der Philosophie* las ich mit hohem Gewinn. Beim Philosophie-Professor Bloch hätte ich gerne den Denker Ernst Bloch als Prüfungsthema für das mündliche Magister-Examen vorgeschlagen.

In meinen Bücherregalen herrscht nur eine *teilweise* Ordnung, das heißt, ich stelle die Bücher nach Autoren oder Sachgebieten *manchmal* zusammen; zum Teil stehen die Bücher aber auch *gerade so*, wie ich sie beim Umzug in den Sommerferien 2021 vom Erdgeschoss in den ersten Stock *gegriffen* habe; *bunt gewürfelt*. Hilfreich ist es immer, wenn ich nach einem Titel suche wie gestern, am 8. September 2021. Der Band war ausgeliehen aus der Stadtbibliothek und überfällig, ich musste ihn finden. An der Stelle im Regal, wo er *eigentlich hätte sein müssen*, war er nicht. Also habe ich alle sieben Regale genau inspiziert, das überfällige Leih-Werk dann aber doch erst bei der zweiten genauen Inspektion entdeckt. Die Suche vergegenwärtigte mir wieder ungefähr, wo meine Bücher ihren Platz gefunden haben, die *geordneten* und die *ungeordneten*. Könnte ich nicht sogleich nur *geordnete Bücher* in meinen Regalen stehen haben? Ich rede mich auf mein Sternzeichen heraus: Als Zwilling mag mir der Zusammenklang von Ordnung und Unordnung gestattet sein.

Ein Anfang zu größerer Ordnung – Überschaubarkeit und Orientierung – wäre es etwa, wenn ich ein Regal zusammenstellte mit den Religions- und Mystik-Büchern; oder ich ordnete die Belletristik nach den Lebensdaten der Autorinnen und Autoren; oder nach der Nationalität; dem Genre usw. Solche Ansätze habe ich teilweise schon getätigt, aber ich werde wohl keinen der Ansätze konsequent zu Ende führen.

Wie hält es Thomas Berger damit, dessen Schriften durch große Klarheit bestechen? Habe ich beim Betrachten seiner Bücherborde nicht eine *Ordnung* erkannt? Aber auch hier wieder: Ich habe kaum darauf geachtet. Allenfalls, dass mir eine Ansammlung antiker Autoren ins Auge gefallen ist.

Ich stelle mir vor, dass ich vor Thomas Berger dies und das bemerken werde zum ersten Regal, aber was ist, wenn er mich zu einzelnen Büchern fragt, die ich noch nicht oder vor langer Zeit gelesen habe? Ein Büchersammler, der ich die meiste Zeit meines Lebens gewesen bin, kauft sich auch Bücher, weil er denkt, er *müsste sie haben* aus irgendeinem Grund, aber dann liest er hinein und stellt das Buch ins Regal. Solche Bücher finden sich auch schon in meinem ersten Regal: *Ulysses* etwa, der Band mit Briefen Heinrich Manns an Ludwig Ewers oder *Die Stadt hinter dem Strom* von Hermann Kasack.

Zweites Regal

Die Wisser-Gedichtbände (Mitte erstes Fach; siehe Einleitung) – wird noch einmal etwas mit ihnen *geschehen* im Sinne des Verfassers? In den vergangenen Sommerferien schrieb ich Frau S., ich wolle selbst einen der Söhne telefonisch kontaktieren. Sie antwortete mir, dass ich es versuchen solle, vielleicht hätte ich mehr Glück als sie. Ich ließ die Sommerferien verstreichen, ohne anzurufen; bei den Umzugsarbeiten vom Erdgeschoss in den ersten Stock des Hauses in Mainz-Kostheim kam die Stimmung zum Telefonat nicht auf. Auch eine *Gesprächsstrategie* musste ich mir überlegen. Alles kam auf meine ersten Sätze an.

Die Wisser-Bücher werden verdeckt von der Zeichnung mit dem Schallplattengeschenk *Hamburger Concerto* von *Focus* meines Mentors an mich. Die Zeichnung gehört neben die Schallplatte im ersten Regal.

Das Schiller-Bild von Wilhelm Tischbein entstand im Todesjahr des Autors, 1805. Da Schiller aufgrund seines Gesundheitszustandes dem Maler bald nicht mehr *sitzen* konnte, fertigte Tischbein Repliken an, die teilweise grotesk geraten sind. *Mein* Tischbein-Schiller-Bild aber faszinierte mich, als ich es im Internat in einer Literaturgeschichte entdeckte. Wem sonst sollte ich meine Faszination mitteilen, als meinem Mentor? Wenige Tage später überreichte er mir eine *Ablichtung*, die ein Fotograf erstellt hatte.

Die dreibändige Schillerausgabe im Hanser-Verlag ist mit einer Widmung meiner Großmutter versehen:

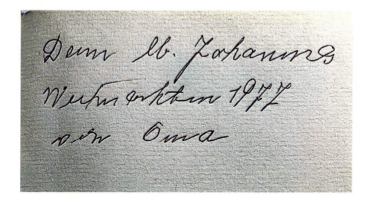

Weihnachten 1978 schenkte sie mir den Roman »Heimatmuseum« von Siegfried Lenz. Ihre Widmung war *zerfahren* geworden. Weihnachten 1979 erlebte sie nicht mehr.

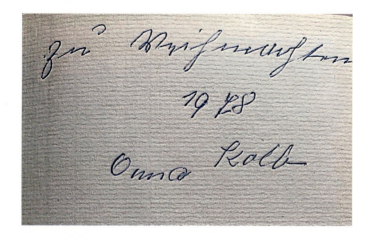

Die fünfbändige Schillerausgabe im Hanser Verlag schaffte ich mir Mitte der neunziger Jahre auf Empfehlung des Germanisten Wolfgang Düsing an, bei dem ich eine Magisterarbeit über *Idealismuskritik im deutschen Drama des 20. Jahrhunderts* schrieb, *aufgezogen* an Schiller-Dramen und ihrem Vergleich mit den Dramen moderner Autoren. Das Begriffsregister im fünften Band zu Schillers Theoretischen Schriften stammt von Wolfgang Düsing.

Derzeit lese ich die zweibändige Schiller-Biografie von Peter André Alt. Das Werk ist zugleich eine Kulturgeschichte des 18. und frühen 19. Jahrhunderts.

Die Gipsplastik *Mann im Boot* erinnert mich an die Szene, als mir mein Mentor einst in seiner Pensionärswohnung ein Foto von sich heraussuchte, das ihn in jungen Jahren am Ufer des Bodensees zeigte; noch halb im Wasser befand sich ein Ruderboot. Heute stelle ich mir vor, dass das Motiv noch einmal von Bedeutung sein kann und mein Mentor auf mich wartet im Boot am Ufer des Sees.

Es waren Tage wie Blumen. Mein Mentor entdeckte bei mir Hesses *Glasperlenspiel* und begann sofort ein Gespräch über das Buch. Das Werk sei ihm fremd, meinte er und begründete seine Ansicht. Auch ich gab zu, keinen Zugang zu finden. Heute – beinahe fünfzig Jahre später – würde ich auf die Szene mit meinem Mentor gerne zurückkommen (wie auf viele andere!). Ich würde ihm sagen, dass ich als den Gegenstand des Buches unser eigenes Leben betrachte und dass er selbst mir die Türen zum Verständnis geöffnet habe. *Berief* er mich doch wie der Musikmeister den Schüler Josef Knecht! Wurde er doch heiterer mit seinem körperlichen Verfall wie der Musikmeister! Und auch unser Orden der Glasperlenspieler – das Bensheimer Konvikt – versank in die Geschichte.

Warum waren es Tage wie Blumen? Weil die selbstverständliche Gelassenheit, über Bücher zu sprechen, nie mehr wiederkam. Und weil nie wieder jemand sprechen wird über Bücher, wie es mein Mentor tat.

die berufung

heller freude voll
entlang städtischem alltag
unsichtbar geschmückt

es sei denn du sähst
den glanz in jungens gesicht
gelingen-verliebt

dass ein füllhorn sich
verschwenderisch ihm neige
ruhig zu wählen

das ziel das ihn wählt
geheimnisvoll verbündet
zu glücklichem tanz

Wenn ich meine Bücherregale ansehe und den *Museumswert* erachte, den sie für mich zu einem Gutteil schon bergen, begreife ich den manchmal halb ungläubigen, halb erstaunten Blick mancher Erwachsener auf mich als Kind: Die früheren Jahrzehnte, die sie als die ihren erachtet hatten, waren vorbei und abgetan, ein junger Bursche stand vor ihnen, für den ihre Erlebnisse und Erfahrungen keine Bedeutung besaßen.

Wenn Hesses *Steppenwolf* sein berühmtestes Buch ist, habe ich andere seiner Bücher und einzelne Erzählungen mit größerer Faszination gelesen. Aber mit dem suhrkamp taschenbuch 175 von 1974 verbindet sich eine grandiose

Erinnerung, als mein Mentor nach seiner Pensionierung in den Studiersaal kam, mit dem Erzieher Klaus Lobner einige Worte wechselte und es sich nicht nehmen ließ, *außer der Reihe*, mitten im *Studium* (der Hausaufgabenzeit), zu mir ans Pult zu gehen, um mein neuerstandenes Buch zu begutachten, das auf der Pultplatte lag.

einmal und damals

wann erlebte ich's
das echte dazwischen sein
einmal und damals

jahrzehnte vorbei
und nur augenblicke lang
von anderer art

ein buch auf dem pult
hermann hesses *steppenwolf*
kamst du – schon als gast –

zu mir rasch zu sehn
meine neue lektüre
bei blicken ringsum

wenigste worte
und ein echtes gedenken
erfüllten den raum

Ohne den Historiker Franz Josef Schäfer hätte ich keine regionalgeschichtlichen Aufsätze geschrieben (die zehn Sammelbände auf dem vierten Fach von oben des zweiten Regals). Er kontaktierte mich, nachdem er eine kleine Schrift von mir gelesen hatte über das Bensheimer Konvikt. Franz Josef Schäfer wollte selbst über das Konvikt forschen, trat mir die Aufgabe jedoch großzügig ab, weil ich Zeitzeuge war. Aber wie sollte ich beginnen? Drei Rektoren hatte ich während meiner sechs Jahre im Konvikt erlebt und hätte darüber erzählen können. Indessen ging es um die gesamte fast hundertjährige Geschichte des Hauses von 1888 bis 1981. Mein neuer E-Mail-Bekannter verwies mich an das Dom- und Diözesanarchiv Mainz, das Archiv der Stadt Bensheim, das Staatsarchiv Darmstadt und das Bundesarchiv Berlin. Hilfsbereit und geduldig lehrte er mich die ersten Schritte, sah dann auch meine Aufsätze durch und machte Anmerkungen. Außerdem nannte er mir Veröffentlichungsmöglichkeiten, die alle erfolgreich waren; auch bei weiteren Aufsätzen. – Seit dieser Zeit vor nunmehr zwölf Jahren habe ich die regionalgeschichtliche Perspektive schätzen gelernt. Was *die Großen der Geschichte* verfügen, wird von den Regionen *umgesetzt* und *ausgebadet*.

Die Gipsplastik *Na, dann lassen wir das einmal!* betrifft eine Szene, als ich mich im ersten Internatsjahr eines Verstoßes gegen das Silentium-Gebot schuldig gemacht hatte, nachdem das Licht im Schlafsaalgang zentral ausgeschaltet worden war. Der Präfekt, mein späterer Mentor, führte die Aufsicht, hörte, dass im Schlafsaal der Sextaner und Quintaner gesprochen worden war, und forderte die *Sünder* auf, sich zu melden, was wir denn auch taten. Trotzdem fand ich mich ungerecht behandelt, weil ich meinem Bettnachbarn nur auf eine Frage seinerseits geantwortet hatte. Am nächsten Mittag traf ich den Präfekten zufällig im Schlafsaalgang, ging zu ihm, trug ihm mein Anliegen vor, was er sofort mit wohlwollenden Bemerkungen quittierte. Am Ende sprach er mich frei von der lästigen Verpflichtung, mich nach dem Mittagessen beim Rektor *melden* zu müssen, um irgendeine unliebsame Aufgabe übertragen zu bekommen, welche die Mittagsfreizeit dahinschmelzen ließ; meistens für zwei

Wochen. Der Präfekt sprach mich frei mit dem Wort: *Na, dann lassen wir das einmal!*

Derartige heilsame und rettende Erinnerungen an meinen Mentor trage ich viele im Gedächtnis. Einunddreißig davon habe ich nummeriert und schaue nun jeden Tag nach, welche besondere Erinnerung zu bedenken ist. Ganz wie die katholische Kirche den Heiligenkalender führt, nur auf den Monat bezogen, nicht auf das ganze Jahr.

Manche *heilsamen und rettenden Erinnerungen* habe ich gemalt oder als Gipsplastik gestaltet. Gut möglich, dass ich einmal einunddreißig davon zusammen habe. Es ist ein Kult, der mir im Alltag hilft.

Meine *eigentliche Taufe* und meine *eigentliche Firmung* erhielt ich durch meinen Mentor. Die *Taufe* ereignete sich, als mein Mentor *hinzutrat*, während ich gerade meine handgeschriebenen und mit Klebestreifen zusammengefügten Tiergeschichten in Augenschein nahm, die ich im Fach eines Wandschranks verwahrte. Mein Mentor warf interessierte Blicke darauf, fragte vielleicht etwas; – die Taufe bestand darin, dass er seinen Blick in die Zeit richtete, *die jetzt ist*. Er *sah* auf meine Texte von heute; nicht im Detail, aber im Allgemeinen; und das genügte, weil ich seinen vorausschauenden Blick verstand.

Gert Ueding berichtet in seinem Erinnerungsbuch über Ernst Bloch von seinem mündlichen Examen beim Autor von *Das Prinzip Hoffnung*. Diese Examina konnten sich lange hinziehen. Ueding habe während seiner Prüfung auf einmal begriffen, dass er von Bloch und dem Protokollanten als Gesprächspartner angenommen und einbezogen worden war, was ihn mit unbeschreiblicher

Freude erfüllte. – Nur einen oder zwei Momente währte der Blick meines Mentors in die Zukunft meines Schreibens, begleitet von einem anerkennenden Laut, aber sie schenkten mir – ähnlich zur Erfahrung Gert Uedings als Prüfling bei Bloch – was ich brauchte: die Bestärkung zum Weiterschreiben.

Als *meine eigentliche Firmung* betrachte ich ein Buchgeschenk meines Mentors: *Demian. Die Geschichte von Emil Sinclairs Jugend*, eine alte Ausgabe im Hardcover von 1949; *Suhrkamp Verlag vorm. S. Fischer Verlag.* Niemals habe ich ein Buch mit tieferer Hingabe und Anteilnahme gelesen. Ich unternahm nun Schritte in die Erwachsenenwelt, mein Mentor würdigte mich, das Rätsel und Geheimnis des Lebens mitzudenken. Aber seltsam: Ich verfüge nur noch über ein ganz schwaches Bild im Gedächtnis, wie mir mein Mentor die alte *Demian*-Ausgabe überreichte. Ich weiß nur noch, es war im Konvikt. Aber wo genau? In welchem Saal? Ausgerechnet bei diesem wichtigen Buch ist die entscheidende Sequenz der Geschenküberreichung durch die Maschen meiner Erinnerung gefallen!

Das Bücherregal meines Mentors war bestückt u.a. mit Thomas-Mann-, Klaus-Mann- und George-Bänden im Hardcover; das Einbandpapier entfernt. Als ich es zum ersten Mal sah, prägte sich mir der Anblick ein, den ich später – wenigstens en miniature – *nachzustellen* versuchte.

Doktor Faustus von Thomas Mann. Die alte Taschenbuchausgabe von 1975, heute auch über den Internethandel kaum noch zu erhalten, las ich in meinem letzten Internatsjahr (Schuljahr 1975/76). Ein Buch, von dem ich seit Jahrzehnten denke, ich müsste es noch einmal lesen, denn freilich habe ich seinerzeit nicht viel davon verstanden, obwohl ich bis zur letzten Seite 510 gerne umgeblättert habe. Das Buch hat mir sogar so gut gefallen, dass ich es für meinen Mentor als Geschenk kaufte, nachdem er mir gesagt hatte, er kenne es noch nicht. – Jetzt war *ich* einmal derjenige, der meinem Mentor ein Buch schenkte, anstatt umgekehrt, wie meistens.

Die E-Gitarre als Symbol einer untergegangenen Musikepoche, die für meine Jugend mit Kassetten- und Radiorekordern steht: *The Who*, *Led Zeppelin*, *Genesis*, *Focus*, *Jethro Tull*, Neil Young usw. Wenn ich den Hund Gassi führe, laufe ich an einem Altersheim vorbei. In einem der ebenerdigen Zimmer eines Bewohners hängt ein Plakat von *Deep Purple* an der Wand.

Mein Mentor war nach dem Rektor der zweite Mann im Internat, geachtet wegen seiner Belesenheit, seiner ausnehmend schönen Handschrift und seines preußischwürdevollen Benehmens. Aber dieser Mann hörte nicht etwa klassische Musik, sondern *unsere Rockmusik* – zum ungläubigen Erstaunen seiner Erzieherkollegen.

Der Kirchenvater Augustinus und mein Mentor sind für mich zur Einheit geworden. Da war zuerst ein Abendgebet in der Kapelle unter Leitung meines Mentors. In der Festschrift zum fünfzigjährigen Bestehen meiner früheren Schule, der Geschwister Scholl-Schule in Bensheim, für die ich einen kleinen Aufsatz mit der Überschrift *Der Tagesablauf im Bensheimer Konvikt* einreichte, findet es folgende Erwähnung:

Ungefähr elfhundert Abendgebete in der Kapelle habe ich während meiner sechs Schuljahre im Konvikt erlebt; in Erinnerung geblieben ist mir ein einziges, als uns Präfekt Schramm vom Kirchenvater Augustinus erzählte.

Der Prä berichtete vom jugendlichen Lebenswandel Augustinus', der seine Venus-Stunden gehabt habe, aber die irdische Liebe mit der himmlischen getauscht habe und dadurch frei geworden sei. Das war es noch nicht, weshalb mir die kleine Ansprache des Prä als einzige von ungefähr elfhundert dieser Art im Gedächtnis geblieben ist, auch nicht als der Prä den berühmten Augustinus-Satz »Liebe – und tu, was du willst!« sagte. Auch wegen dieses Satzes hätte ich wohl das Abendgebet in der Kapelle vergessen, wenn der Prä den Augustinus-Satz nicht noch einmal wiederholt hätte, nämlich zum Abschluss seiner Ansprache; und diesmal betonte er das »und tu, was du willst!« mit einer Emphase, die Fanfaren zum Auftritt der Wahrheit glich. Auch die Dynamik, mit der der Prä den Altar-Vorraum verließ, von dem aus er zu uns gesprochen hatte, ist mir unvergesslich geblieben. Es war die Dynamik eines Mannes, der davon überzeugt war, seiner jugendlichen Zuhörerschaft eine absolute Wahrheit auf ihren Weg gegeben zu haben.

Auf dem Freigelände des Internats überreichte mir mein Mentor während einer Abendfreizeit ein sechsseitiges Typoskript seines Aufsatzes *Augustinus lesen*, der 1941 in der *Neuen Rundschau* erschienen war. Er hatte handschriftliche Korrekturen eingefügt und folgende Angabe auf die letzte Seite geschrieben:

> Von Reginas Nachtschwester in Prof. Cahiers Klinik in Berlin aus dem Heft der Neuen Rundschau-Dezember 1941" im Februar 1942 während stiller Nachtstunden abgeschrieben.

Jahrzehnte später fand ich in der Universitätsbibliothek Mainz die Ausgabe der *Neuen Rundschau* vom Dezember 1941. (Nicht, dass ich früher danach gesucht hätte, ich besaß ja das Typoskript, aber Versuche, das Heft über Antiquariate zu erstehen, waren fehlgeschlagen.) Für ein YouTube-Video sprach ich den Text in mein Handy. Das Typoskript brachte ich dem Dom- und Diözesanarchiv Mainz, damit es – nach menschlichem Ermessen – *für alle Zeit* gut aufbewahrt ist.

Ich ging mit meinem Mentor in Bensheim die Rodensteinstraße entlang, wir näherten uns seiner Wohnung. Er sprach davon, dass sein siebzigster Geburtstag nicht mehr fern sei, wollte aber von der Symbolhaftigkeit des Ereignisses, das ihm ein Bekannter einzureden versucht hatte, nichts wissen. Der Bekannte hätte ihm geraten, *zu schreiben*. *Schriftstellern Sie doch!* wiederholte mein Mentor, auch im Tonfall, den Ratschlag. Ich äußerte mich mit einem zustimmenden *Ja!* und sah meinen Mentor an. Aber er winkte nur entschieden ab. Die Geschichte des Internats nach der Wiedereröffnung im Jahr 1950 bis zur endgültigen Schließung mit Beginn der Sommerferien 1981 hätte er wie kein Zweiter beschreiben können, auch wenn er sich im Wirken des Rektors Franz Josef Thelen, der seinerzeit als *Lichtgestalt* gefeiert wurde, aber für Missbrauchstaten verantwortlich war, getäuscht hätte. Am Anfang des Rektorats Franz Josef Thelens äußerte mein Mentor mir gegenüber die Vermutung, dass es sich beim neuen Rektor um einen unehrlichen Mann handeln könnte, was er graphologisch erklärte; die Handschrift Thelens war nach links geneigt. Wenn er gewusst hätte, wie recht er gehabt hatte! – Doch nicht nur über das Internat hätte mein Mentor schreiben können. Es bleibt sein Geheimnis, warum der Augustinus-Aufsatz seine einzige Veröffentlichung darstellt.

immer heiterer

die siebzig im blick
fühlte er sich wie immer
nur die zahl war da

immer heiterer
wurdest du freund im alter
vorbild bis zuletzt

am schluss ein lächeln
du erschrickst wohin dein freund
sich zur reise schickt

blüten überall
und grün im saft als ob wir
nie gewesen wär'n

Thomas Bernhards Bücher leben von der Kunst des Insistierens. Wer insistiert, wiederholt. Wer *kunstvoll wiederholen* will, muss die Emphase steigern. Lassen sich alle Bücher Thomas Bernhards mit Ravels *Bolero* vergleichen? Nein, sie müssen noch mit anderer Kunst geschrieben sein. Welche Kunst ist das? Die Selbstverteidigung, die bei Thomas Bernhard *elementar* geworden ist.

Autoren, die man eine Zeitlang viel liest, vielleicht *wie besessen*, und dann nicht mehr liest für den Rest des Lebens. Oder wo man nach Jahrzehnten einen Anklang vernimmt, wieder ein Buch dieses Autors oder dieser Autorin zu lesen. So ist es bei mir mit Peter Handke.

Günter Grass: Schreiben und zeichnen, modellieren und wieder schreiben. In der Brandt-Ära war ich als Jugendlicher froh, eingeschworenen CDU-Leuten sagen zu können, dass Autoren wie Böll und Grass auf *unserer Seite* waren. Welche Seite war das? *Rot und gesund* stand auf einem Apfel, den ich als Aufkleber verwendete. Später zweifelte ich zuweilen an den politischen Äußerungen des

Blechtrommel-Autors. Aber die Bewunderung für den Künstler Grass blieb.

Das Buch *Machtwechsel. Die Ära Brandt-Scheel* von Arnulf Baring steht für die Zeit, in der ich mich für Politik interessierte. Ich weiß noch, dass ich es nicht glauben konnte, als mir am Montag, den sechsten Mai 1974, ein älterer Konviktskamerad, der ein Anhänger des konservativen Lagers war, beim Frühstück im Speisesaal mit Triumph in der Stimme den Rücktritt Brandts bekanntgab. Ich war *wie vor den Kopf gestoßen*.

Wird mich Thomas Berger *angehen*, dass meine beiden Regale, die er bis dahin von mir *vorgeführt* bekommen hat, tatsächlich zu *Erinnerungsstätten* und *Museen* geworden sind? Wird er mich *angehen* mit der Frage, ob ich *mehr in der Vergangenheit als in der Gegenwart und Zukunft leben* würde? – Doch vor solchen Fragen fürchte ich mich nicht. Nietzsches Bemerkung über den *Nutzen der Historie*, wenn sie das Lebensgefühl im Hier und Jetzt steigert, mache ich mir zu eigen.

Drittes Regal

Wenn ich die vier Glastüren oder -fenster des dritten Regals öffne und Thomas Berger den Blick darauf freigebe, werde ich wohl eine Ernüchterung an ihm gewärtigen müssen. Das dritte Regal ist nicht *vollgestellt* auf allen Fächern wie die ersten beiden Regale, sondern es sind freie Stellen vorhanden; Papiere und Mappen liegen *wie zur Ablage* da. Aber ich will mich *ins Zeug legen* vor meinem Besucher und mit meiner Rede *wettmachen*, was das dritte Regal *von sich aus* nicht leistet.

Die blaue Gipsfigur musste ich reparieren, weil das Zepter locker geworden war. Überhaupt ist die Figur noch nicht fertig. Sie muss noch einmal übermalt und dann lackiert werden. Übermalt, lackiert und getrocknet stelle ich sie an die linke hintere Ecke meines Schreibtisches. An die rechte hintere Ecke postiere ich eine schon lackierte und ockergelbe Figur aus dem vierten Regal. Die blaue Figur stellt meinen Mentor dar, die ockergelbe Figur – ursprünglich in Erinnerung an die Schutzmantelmadonna in der Kapelle des Konvikts gestaltet – meine Mutter, mit der ich genau fünfzig Tage gemeinsam diese Erde bewohnt habe.

Hinter der blauen Figur stehen zwei insel-taschenbücher mit Ricarda Huchs *Dreißigjährigem Krieg*. Das zweibändige Buch las ich während meines Sozialen Jahres nach der Internatszeit. Wie bewundernswert, dachte ich, ein ganzes Zeitalter in miniaturhaften Darstellungen einzufangen; wieder auf sie zurückzukommen und weiterzuspinnen, bis der einzelne Erzählstrang zu Ende erzählt ist. Ricarda Huch hat die kriegerischen Jahrzehnte *erstehen lassen* in der Literatur.

Daneben Goethes *Faust* mit einem Kommentarband – muss umgeräumt werden ins erste Regal *zum anderen Goethe*.

Der Radiorekorder ist ein *Ausstellungsstück*. Nur noch das Radio *läuft*. Würde das Kassettendeck funktionstüchtig sein, hätte ich das Gerät in Gebrauch. So jedoch lasse ich mich von seinem Anblick entführen in eine Zeit, als Ian Anderson mit *Jethro Tull Aqualung* veröffentlichte oder Pete Townshend mit *The Who Quadrophenia*.

Im Haus der Geschichte in Bonn oder im Industriemuseum in Rüsselsheim sind mehrere Kassetten- und Radiorekorder zu sehen. Für meine Schülerinnen und Schüler Symbole einer in die Vitrine *abgestellten* Zeit; für mich mit *anderem Pulsschlag* versehen.

Die Bleistiftzeichnung links auf dem zweiten Regalfach muss weiter ausgeführt und koloriert werden. Sie erinnert mich an Otto Lause, den zweiten Rektor, den ich in den Schuljahren 1971/72 sowie 1972/73 im Konvikt kennenlernte. Er agierte nicht glücklich und trat freiwillig ab, dennoch war er ein besonderer Mensch, sodass ich es bedaure, ihn nur kurze Zeit erlebt zu haben. – Kann ich andererseits nicht froh sein, ihn überhaupt kennengelernt zu haben als einen Menschen mit einer Fürst-Myschkin-Natur? Er wollte seine Aufgaben als Internatsleiter *aus dem Herzen heraus entscheiden* und hoffte, dass sein Erzieher-Kollegium und die Schüler ihm dies anerkennen und wertschätzen würden. Halbheiten und Widersprüche bis hin zu Fehlschlägen, die er verursacht hatte, wertete er gering. Die Konviktsgemeinschaft sah dies zunehmend anders. Als er merkte, dass er mit seinem *guten Willen* nicht mehr durchdrang, gab er auf.

Die Zeichnung bezieht sich auf die Episode, als er jeden *Einserkandidaten* in einer Klassenarbeit in einem Hauptfach einmal im Monat zum *Hähnchenessen* in die Stadt einlud. Wir versammelten uns draußen vor der Hauptpforte. Gerade fragt er mich, welchem Fach ich meine Teilnahme verdanke. *Deutsch*, antworte ich.

Es waren Tage

Es waren Tage
der *reinsten Begeisterung*
und *Blühwilligkeit*.

Bis die Klage kam,
dass *hellster Traum* bricht im Wort
und *stolzes Jagen*

schwach wird, *wenn gefügt*.
– Wirf Ermattung in die Luft!
Traue dem *Föhnwind*

aus der alten Zeit,
dass er dich tragen möge
hinter die *Grenze*.

Das zweite Regalfach von oben versammelt Autorinnen und Autoren der Epoche von Jakob Michael Reinhold Lenz bis zu Wilhelm Raabe, also ungefähr den Zeitraum von 1780 bis 1900. *Von mir aus* lese ich von Zeit zu Zeit Hölderlins Gedichte; für den Deutschunterricht hole ich die Romantiker hervor; an Wilhelm Raabes Romane und Erzählungen denke ich gerne zurück, an *Pfisters Mühle* (1884) oder *Die Akten des Vogelsangs* (1896). Es handelt sich um Texte, die in besonderer Weise das *Erzählen* herausstellen, Raabe lässt seine Figuren berichten und sich unterhalten. Keine *unbeschwerten Stunden des Erzählens*, aber immerhin stellt das gegenseitige *Erzählen* noch einen Hauptpunkt dar. – Wem *erzähle* ich noch etwas? Von wem lasse ich mir noch etwas *erzählen*? Mit Thomas Bergers Besuch erhoffe ich mir noch einmal die Ahnung des *Erzählens*. Ansonsten *sage* ich, was im Ablauf der beruflichen und privaten Pflichten *zu sagen* ist: die Redeweise der *Daseinsfristung*.

Adolf Holls Erstveröffentlichung *Jesus in schlechter Gesellschaft* (1971) war kurz nach dem Erscheinen auch Gesprächsgegenstand zwischen meinem Mentor und mir. Ich erwähnte, dass ich von dem Buch gehört hätte und es mir kaufen wolle. Mein Mentor meinte, ich brauche es mir nicht zu kaufen, und schenkte mir die Ausgabe des Deutschen Bücherbundes von 1971, die er bereits gelesen hatte. Auf Seite 63 hat er die altgriechische Übersetzung für »unbesiegter Sonnengott« notiert.

> ...res (unter Augustus) und die Erklärung des 25. Dezember zum Reichsfeiertag (unter Aurelian) — als Fest des unbesiegten Sonnengottes. χᾶος ἀνίκητος
> Mochten die Christen auch eine Zeitlang zwei verschiedene Daten für das Geburtsfest Christi haben, je nach-

Die Ansichtskarte links im dritten Fach stammt vom letzten Rektor des Konvikts, Josef Deibele. Im Schuljahr 1980/81 fiel ihm die undankbare Aufgabe zu, zum Insolvenzverwalter einer beinahe hundertjährigen pädagogischen Tradition in Bensheim zu werden, aber er wusste es bei Antritt seines Rektorates noch nicht. Zu dieser Zeit steckte er voller Tatendrang. Mein Mentor schickte mir Briefe, in denen er sich – der seiner alten Wirkungsstätte bis zuletzt verbunden blieb – bewundernd über Josef Deibele äußerte. Nachdem Franz Josef Thelen im Sommer 1979 auf Druck eines Sozialpädagogen, den er selbst eingestellt hatte, und des Spirituals, denen sein Gebaren mit *Lieblingsschülern* mehr und mehr missfiel, seine Koffer gepackt hatte, war der Nachfolger im Rektorenamt – ein gewisser Georg B. – glücklos und schied nach einem Schuljahr wieder aus. Dann kam Josef Deibele, und mit ihm zog nach dem Briefwort meines Mentors die Hoffnung wieder ein im Konvikt.

Dreißig Jahre später besuchte ich Josef Deibele in seinem Haus in Mainz-Marienborn, als ich für einen Aufsatz recherchierte über die Geschichte des Internats von der Wiedereröffnung 1950 bis zur endgültigen Schließung 1981. Josef Deibele berichtete mir von den Schwierigkeiten, die er gehabt habe, eine enttäuschte und teilweise zornige Schülerschaft zu einem geordneten Auszug zu bewegen. Wir blieben noch eine Zeitlang in

Kontakt. Er schenkte mir Utensilien vom Konvikt, zum Beispiel den Stempel des Hauses. Diese Dinge habe ich großenteils dem Stadtarchiv Bensheim vermacht. Auf die Ansichtskarte zu Weihnachten 2011 schrieb er mir, es sei für ihn so, als sei das Konvikt noch Realität. *Schade, dass es nicht mehr existiert*, fügte er hinzu.

Die Anthologien, Geschichtsblätter und wissenschaftlichen Zeitschriften, in denen ich Beiträge veröffentlicht habe, ebenso wie die Hefte mit didaktischer Literatur in einem Schulbuchverlag (Geschichte und Philosophie) auf der rechten Seite des vierten Regalfaches, die ich erarbeitet habe, gehören *eigentlich* ins zweite Regal, damit *alles beisammen ist* um die Gipsplastik *Na, dann lassen wir das einmal!* (Warum eigentlich die Gipsplastik *Na, dann lassen wir das einmal!* statt des Bildes vom Mentor und mir als Unterstufenschüler am Wandschrank des Konvikts? [Vgl. den *Tauf-Eintrag* im zweiten Regal.] Ich muss das ändern. Auch die beiden Gedichtbände Stefan Georges gehören umgestellt.)

Mit meinem ehemaligen Deutsch- und Klassenlehrer Hans Rücker kam ich ungefähr drei Jahrzehnte nach meinem Realschulabschluss und Weggang von Bensheim im Jahr 1976 wieder in Kontakt. Ich hatte ihm mein Buch *Drei Rektoren. Eine Internatsgeschichte* geschickt, das in einem kleinen österreichischen Verlag erschienen war. Als Gegengeschenk sandte er mir ein *Lesebuch für das 10. Schuljahr* aus der Reihe *Wege zum Lesen*, erschienen 1997, plus Lehrerhefte zu drei Jahrgängen, woran er mitgearbeitet hatte. Für ihn habe sich mit dieser Veröffentlichung *ein Traum erfüllt*, wie er mir schrieb.

Zwei Ausgaben des *Bergsträßer Anzeigers* enthalten Artikel über meine Lesung aus meinem Roman *Gespräche am Teetisch* am fünften Februar 2020 im Sitzungsaal des Rathauses Bensheim und über meinen Aufsatz im Jahresband 2016 des Archivs für hessische Geschichte und Altertumskunde (AHG) über den Lorscher Pfarrer Johannes Heinrich Heinstadt (1872–1956), der in Konflikt mit den Nazis geriet.

Als Internatsschüler las ich nach der Schule gerne den *Bergsträßer Anzeiger* und das *Darmstädter Echo*; beide Zeitungen waren mit Politik- und Sportseiten in Glaskästen auf dem Flur im ersten Stockwerk ausgehängt. (Wer von den Erziehern hat diese tägliche Aufgabe übernommen? War es mein Mentor? Geschah es abwechselnd im Erzieherkreis? Nie habe ich diese Frage meinem Mentor gestellt, weil sie mir noch entfernt lag; Jahrzehnte entfernt.)

Hinter dem Buch mit Augustinus-Sentenzen unter dem Titel *Liebe und tu, was du willst*, ausgewählt und mit einem Vorwort versehen von Michael Treberian, steht meine Shakespeare-Ausgabe. Meinem Mentor habe ich in der Zeit nach dem Internat von der Lektüre geschrieben, er erwähnte in seiner Antwort verschiedene Übersetzungen und betrachtete die verbreitete Schlegel-Tiecksche nicht als die beste. Seine Begründung ist mir entfallen, und ausgerechnet dieser Brief muss bei einem Umzug verlorengegangen sein.

Über die Dramen Gerhart Hauptmanns sprach ich um das Jahr 1975 herum mit meinem Mentor am Teetisch. Manche der Dramen hatte ich kurz zuvor in den Ferien bei meiner Großmutter gelesen. Früher habe es geheißen *der schlesische Goethe*, sagte mein Mentor, aber heute habe das Interesse am Autor nachgelassen. Ich konnte und kann das nicht beurteilen, doch scheint mir die Bedeutung der *Weber* und *Ratten*, des *Biberpelz* oder *Fuhrmann Henschel* unbestritten zu sein. Die Novelle *Bahnwärter Thiel* betrachte ich als Meisterwerk tiefer Menschenkenntnis. Woher wusste Hauptmann, dass der Bahnwärter die Misshandlung seines Sohnes aus erster Ehe durch die zweite Frau, die Stiefmutter des Kindes, vor Ohren und Augen hat, aber so tut, als habe er nichts gehört und nichts gesehen? Ich habe die Wahrheit dieser Schilderung selbst erleben müssen; als ich die Szene las, war ich *wie vom Donner gerührt*.

Der Mann ohne Eigenschaften in zwei Bänden, mein Schachgewinn (siehe die dritte Notiz zum ersten Regal). Vom Dreigestirn herausragender Romane des 20. Jahrhunderts – *Auf der Suche nach der verlorenen Zeit*, *Ulysses* und Musils *Der Mann ohne Eigenschaften* – kenne ich nur den ersten Roman. In diesen habe ich mich seinerzeit *verloren*, das heißt, ich erlebte ihn als *Kosmos*, in dem neue Gesetze herrschten und neue Melodien gespielt wurden. Im Rückblick empfinde ich es noch so: Ich war Gast in einem wundersam-fremden, seelisch-verfeinerten Land, das ein König im Reich des Geistes und der Sprachkunst beherrschte.

Mit meinem Mentor unterhielt ich mich über Gelesenes und Ungelesenes. Thomas Manns *Krull*-Fragment hielt er für weniger wichtig als die Josephs-Romane, ebenso empfahl er mir Schillers *Geisterseher*-Fragment. Ich erinnere mich nicht mehr, welche weiteren Buchtitel genannt wurden. Das Gespräch lässt sich fortführen, ein Leben lang ... Nicht einmal die Nationalliteratur eines einzigen Kulturvolkes lasse sich *auslesen*, schreibt Heinrich Böll in der Einleitung seiner Literatursammlung *Mein Lesebuch* im Fischer-Taschenbuchverlag. In der Unabsehbarkeit der Literatur wird das Gespräch über sie zum Spiel. Am Ende zählen das persönliche Interesse und Empfinden – und der Austausch mit Gleichgesinnten.

Was bewirkt die Literatur? Was bewirkt *das viele Lesen*? Eine Bewusstseinserweiterung und -vertiefung, was menschliche Begebenheiten und sprachliche Kunstfertigkeit betrifft? Wie muss ein Mensch innerlich beschaffen sein, um als Leser oder Leserin *zu taugen*?

Lese ich heute nicht beinahe nur noch *zweckgebunden*, anstatt wie damals in der Konviktszeit *aus freien Stücken*? Damals war ich *innerlich frei*, anstatt *an dies und das zu denken*, was noch zu tun und zu beachten wäre.

Im E-Mail-Austausch mit Thomas Berger kam der Name Ernst Blochs auf. Zu meinem Erstaunen berichtete er mir, dass er Anfang der siebziger Jahre als Student in der Nähe Blochs gewohnt habe: Rappenberghalde 68 – Im Schwanzer 35 (heute Ernst-Bloch-Straße) in Tübingen. Aber nicht nur das! Der Student Thomas Berger ging eines Tages im Jahr 1973 *rüber zu Blochs* und klingelte an der

Haustür, in der Hand hielt er den ersten Band der Taschenbuchausgabe *Das Prinzip Hoffnung*. Die Ehefrau des Philosophen, Karola Bloch (1905–1994), öffnete und fragte nach seinem Begehr. Ob er ein Autogramm Ernst Blochs in seinen Band *Das Prinzip Hoffnung* bekommen dürfe, meinte Thomas Berger und hielt das Buch hoch. Normalerweise mache Bloch so etwas nicht, entgegnete die Architektin, aber sie wolle es versuchen. Daraufhin nahm sie das Buch aus Thomas Bergers Hand und verschwand in Blochs Arbeitszimmer (heute originalgetreu im Ernst-Bloch-Museum in Ludwigshafen zu sehen). Sie kam mit einer Miene zurück, die anzeigte, *er hat unterschrieben*:

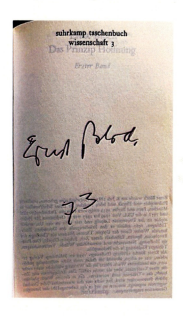

73 – die andere Zeit. Meine *Helden* lebten noch; Schriftsteller, Philosophen, Musiker. Familienmitglieder lebten noch. Vor allem lebte auch mein Mentor noch. Vielleicht im Jahr 73 oder 74 schenkte er mir während seiner Abendaufsicht meine erste Tabakspfeife plus Tabak und Zubehör in einem Etui. Gerne erzähle ich meinen Schülerinnen und Schülern davon und lege ihren ungläubig schauenden Gesichtern meine Zeichnung vor, die ich von dem Ereignis angefertigt habe.

Im Klassenzimmer bekenne ich, dass ich mich verschrieben habe: Nicht *Pfeifentabaksgeschenk* sollte die Zeichnung heißen, sondern *Tabakspfeifengeschenk*. Die Schülerinnen und Schüler nehmen mein Wort mit Genugtuung auf.

    tag um tag verblich
    wo ich gelassen mit dir
    ging und stand, mein freund

Der erste Besuch Thomas Bergers verlief während eines Sonntagnachmittags (19. September 2021). Meine Frau, meine dreijährige Tochter Olivia (Livi) und ich saßen mit unserem Gast im Innenhof des Hauses bei Kaffee, Kräutertee und Kuchen. Die Rede kam auf die gebrauchten Granitpflastersteine, die vor einiger Zeit im Hof verlegt worden waren. Sie seien zweihundert Jahre alt, bemerkte ich. Wer schon alles darüber gegangen sein mochte? Nirgendwo existiere die Liste mit der Antwort auf diese Frage. Stellen derartige Überlegungen nicht eine Keimzelle der Gottesfrage dar?

Ich schrieb Frau S., der Leiterin des literarischen Blogs, wo Thomas Berger und ich Texte veröffentlichen, von meinem Besucher. Sie antwortete per E-Mail so rasch, dass ich Thomas Berger ihre Zeile noch im Hof vorlesen konnte: *Dann senden Sie ganz liebe Grüße an Herrn Berger und genießen Sie zusammen den Nachmittag.*

Der Nachmittag ging mit der Aufhebung der Kaffeetafel weiter. Thomas Berger erwähnte meine Bücherregale, auf die er sich freue. Wir stiegen die Treppe zum ersten Stockwerk hoch, ich öffnete die Wohnungstür, die in die Küche führt; durchquerten sie, ebenso den *Clubraum* (Wohnzimmer) und hielten uns zunächst im Vorzimmer des *Studiersaals*, im *Musikzimmer* auf (auch *Aquariumzimmer* genannt). Thomas Berger, dem ich die Zimmerbezeichnungen nannte, fragte, was es damit auf sich habe: *Studiersaal, Clubraum* ... Ich erklärte ihm, dass ich mich hierbei an meine Zeit im Konvikt erinnern würde. Wenn ich gekocht hätte und zum Essenstisch in die Küche riefe, würde ich dazu auffordern, in den *Speisesaal* zu kommen.

Das Aquarium gab mir Gelegenheit, nun meinerseits in bescheidenem Rahmen naturkundliche Erklärungen abzugeben, wie sie Thomas Berger im Sommer des vorigen Jahres in seinem Naturalienkabinett *mir* zuteilwerden ließ: Dass der Feuerschwanz (oder Feuerschwanz-Fransenlipper) zur Familie der Karpfenfische gehöre und entweder allein oder in Gruppen von mindestens fünf Tieren gehalten werden müsse, weil die Art revierbildend sei; bei mindestens fünf Tieren verteile sich die Aggression. Gegen andere Fischarten sei der Feuerschwanz weitgehend friedlich, sodass er sich für das Gesellschaftsbecken eigne.

Ich wies Thomas Berger noch besonders auf den Schwarm von zehn Tieren des Indischen Glaswelses hin, den mein Besucher nicht kannte und dessen Kuriosität – alle Organe sind gleich hinter dem Kopf gedrängt, der ganze übrige Körper aber ist durchsichtig (gläsern; vitreus) – ihn faszinierte.

Die Fische würden verschiedene Wasserhöhen und Zonen im Aquarium bevorzugen, erklärte ich Thomas Berger: die Zebrabärblinge schwämmen weit oben im Aquarium; nicht selten direkt unter der Wasseroberfläche; die Leopard-Panzerwelse hielten sich dagegen mit ihren abgeflachten Unterseiten fast ausschließlich am Boden auf. Sie seien zum ständigen Herumschwimmen vorwiegend in der mittleren Wasserzone wie das Schwertträger-Pärchen oder die Guppys nicht geeignet.

Leider war das Wasser von der am Vormittag vorgenommenen Reinigung noch ein wenig trüb. Wenn er mich das nächste Mal besuche, versprach ich Thomas Berger, würde er sehen, was mit dem Ausdruck *kristallklares Wasser* gemeint sei.

Im Studiersaal blickte sich Thomas Berger um in Richtung der beiden Regalseiten. Die Beschreibung der ersten beiden Regale hatte ich ihm vorab schon gemailt gehabt, aber er wollte sie nun in lebendigem Eindruck vorgeführt bekommen. Beim ersten Regal mit den Büchern Blochs und Bölls sprach ich vom Rang, den der Philosoph und der Schriftsteller in meiner Jugend besessen hätten – nicht zu vergleichen mit der Bedeutung, die beide nach meinem Eindruck in der Gegenwart zugesprochen bekommen. Was Bloch betrifft, zitierte Thomas Berger das auf Willy Brandt gemünzte Wort Helmut Schmidts: *Wer Visionen hat, sollte zum Arzt gehen.* Die Abkehr vom utopisch-visionären Denken habe damals schon begonnen. *Mit dem Ende des realexistierenden Sozialismus habe sich diese Abkehr noch verstärkt,* fügte ich hinzu.

Ansichtig der Gipsplastik *Na, dann lassen wir das einmal!* im zweiten Regal, erinnerte sich Thomas Berger einer vergleichbaren Begebenheit, die er als Schüler erlebt hatte. Er hatte mithilfe seiner Mutter einen Schulwechsel vollzogen, den er bereits nach kurzer Zeit wieder bereute; er wollte zurück zu seiner früheren Schule. Das Prozedere stellte er sich kompliziert vor, als er gleichwohl seine frühere Schule mit der Absicht der Wiederanmeldung aus eigenen Stücken aufsuchte; seine Mutter wusste nichts von seinem Vorhaben. Gerade war Unterrichtszeit und niemand auf den Gängen. Zufällig begegnete ihm der Schuldirektor, erkannte ihn sofort und fragte ihn nach dem Grund seines Erscheinens. Der Schüler Thomas Berger schilderte ihm seine Not. *Geh wieder in deine alte 8c*, bedeutete ihm kurzerhand der Schulleiter. Thomas Berger war wieder aufgenommen worden. Das befürchtete *komplizierte Prozedere* verlor jeden Schrecken; es wurde später *einfach abgewickelt.*

Als Thomas Berger am 19. September 2021 wieder abgereist war zu seiner *Kartause* in Kelkheim, wie er mir später schrieb, fiel mir ein, was ich ihm alles *nicht* gezeigt hatte: Die Gedichtbände von Jürgen Kross oder die Bücher und zahlreichen Aufsätze in Sammelbänden von Franz Josef Schäfer. Aber wir vereinbarten schon einen neuen Besuchstermin.

Wie viele Bücher werden mir auch nach dem neuen Besuch Thomas Bergers ins Auge fallen, über die ich gerne mit ihm gesprochen hätte? Wie viele Autoren und Bücher gibt es, die ich erneut lesen möchte – teilweise seit Jahrzehnten! – wozu ich aber wohl nicht mehr kommen werde? *Deutschstunde* und *Doktor Faustus*, Heinrich Mann und Proust. *Aufgeben, Abschiednehmen, Es-gut-sein-Lassen* – meine neuen Tugenden (gegen die ich mich in meiner Jugend, zu meines Mentors Zeit, als das Grenzenlose erreichbar schien, verwahrt hätte).

   tage wie blumen
   liebe zur unsterblichkeit
   damals im konvikt

Am Abend schrieb ich der Leiterin des literarischen Blogs, Frau S., eine Mail, sandte ihr ein neues Gedicht, bedankte mich für ihre Mühe des *Einstellens* und fügte ein Foto mit

Thomas Berger und Livi ein, die sich rasch mit dem Besucher angefreundet hatte.

Der zweite Besuch Thomas Bergers geschah vom 24. bis 26. September 2021. Das Wasser im Aquarium war *kristallklar* geworden. Livi sprang unserem Besuch sogleich in die Arme, als wir sie vom Kindergarten abholten.

25. September: Ankunft mit dem Zug in Bensheim bei herrlichem Herbstwetter. Wir verließen den Bahnhof. Ich zeigte Thomas Berger das Haus Rodensteinstraße 42, ein unscheinbarer, mittlerweile blau angestrichener Flachbau, rechts daneben schon seit langer Zeit eine Baulücke. Meinen Schülerinnen und Schülern, sagte ich, hätte ich

das Haus am Wandertag in der vergangenen Woche auch gezeigt und ihnen mitgeteilt, dass es äußerlich einen wohl eher nichtssagenden, wenn nicht sogar etwas *heruntergekommenen* Eindruck mache, dass es für mich jedoch von Magie erfüllt sei, weil es die letzte Wohnung meines Mentors im ersten Obergeschoss beherbergt hatte, wo ich in meinen letzten beiden Internatsjahren in vielen Mittagsfreizeiten mit ihm *Gespräche am Teetisch* geführt hatte.

mitten im atem

dorthin wollt' ich sein
doch alles ist verändert,
wie in fremder zeit –

jetzt wo du hier bist
das stövchen ausgeblasen
abgeräumt der tee

und leer die wohnung
mit vielen andren menschen
ohne einladung

wärme auf dem weg
ins all mit letzter kälte
sie zu bewahren

aus der erinnrung
die ein leben werden muss
mitten im atem

Auf dem Kirchberghäuschen – eine Restauration und ein Wahrzeichen Bensheims – war es, wie zu erwarten angesichts des blauen Himmels, *viel zu voll*. Wir verzichteten darauf, uns fürs Essen an das Ende der *langen Schlange* zu stellen und traten sogleich den Rückweg in die Stadt an.

Dann am Konvikt.

Dort war der Haupteingang, die Pforte. Zwei schwere Eichentüren, die man als Unterstufler nur schwer aufkriegte.

Aber gewiss viel schöner als die weißen Metallglastüren, mit denen die Eichentüren ausgetauscht worden sind, bemerkte Thomas Berger.

Dort das Büro des Rektors. Dort die Arbeitsräume der Oberstufenschüler. Ganz oben die Schlafsäle. Dort die Aula, wo am 26. April 1975 die Verabschiedungsfeier meines Mentors stattgefunden hat. Dort der Speisesaal. Heute sind überall Zwischendecken eingezogen. Als ich am 27. August 1970 ins Haus eintrat und dem gewalttätigen Elternhaus wenigstens für die Schulwochen der kommenden Jahre entronnen war, umfingen mich die hohen Decken wie Fanfaren der Freiheit.

immer zwei stufen

ein donnerstag ist's
säle mit hohen decken
auf horizonte

immer zwei stufen
im vollen lauf und zauber
jugendlicher kraft

einherstolzieren
ein freches wort hinwerfen
erwachsen werden

langgehaart am haupt
wie die achaier war ich
damals im konvikt

Das gegenüberliegende Eckhaus. In der Dachwohnung starb der frühere Erzieher Klaus Lobner. Es hieß, er habe Selbstmord begangen. Am letzten Abend seines Lebens sah ich ihn in der Bar des Konvikts, die Rektor Franz Josef Thelen eingerichtet hatte. Klaus Lobner machte einen deprimierten Eindruck. Aus einer an mich gerichteten Bemerkung, die ich heute inhaltlich nicht mehr wiedergeben kann, spürte ich damals – und bis heute! – den Subtext heraus: seine seelischen Grundfesten waren erschüttert. War er den Missbrauchstaten des Rektors Franz Josef Thelen auf die Schliche gekommen? Hatte sein Tod mit Thelen zu tun? Fragen, *die im Raum stehen* und wohl nicht mehr beantwortet werden können. Thomas Berger erzählte ich noch, dass Rektor Thelen später in die frühere Wohnung Klaus Lobners gezogen sei, wo er den Missbrauch mit *Lieblingen* auf die Spitze trieb und dabei die eigene Hausordnung missachtete, wenn die betroffenen Schüler zu spät im Schlafsaal erschienen für die Nachtruhe.

Thomas Berger erwähnte den Literaturkritiker Jörg

Magenau, der mein Buch *Gespräche am Teetisch* besprochen hatte der Art, dass es ein Internatsroman sei, der auch einmal die guten Seiten der Internatserziehung hervorhebe, anstatt dass immer nur von Missbrauch die Rede sei.

Das Leben ist verwickelt, sagte ich, und die Leute haben gerne klare Linien. Das Konvikt war meine Rettung, vor allem wegen meines Mentors, den ich im Konvikt getroffen habe. Dann gab es ab dem Schuljahr 1973/74 Rektor Thelen, der mit ausgewählten Schülern Missbrauchstaten beging, aber seinerzeit als Lichtgestalt gefeiert wurde, weil er Empathie, Charisma, Intelligenz, »Modernität« und Organisationstalent besaß. Es dauerte seine Zeit, bis sich der Sozialpädagoge Paul S. und der Spiritual des Konvikts dazu entschlossen, die Treppen des Nachbarhauses bis zur Dachwohnung zu ersteigen. Sie klopften. Als Thelen öffnete, sahen sie ihn nur an. Thelen begriff sofort und erklärte seinen Rückzug.

Nach der Lektüre meines Romans *Gespräche am Teetisch* schrieb mir der Sozialpädagoge a.D. Paul S. aus Nürnberg, wo er seit vierzig Jahren lebte und lange nach der Zeit am Konvikt gearbeitet hatte, dass ich Thelen in meinem Buch *zu gut* habe *wegkommen lassen*. Ich antwortete ihm, dass ich mir im Romankonstrukt vom realen Thelen bestimmte Seiten *genommen* habe für meine *Figur*. Die Rechercheergebnisse der Missbrauchstaten des *realen Thelen* hätte ich in meinem Aufsatz über das Konvikt in Band 45 (2012) der Geschichtsblätter Kreis Bergstraße beschrieben.

Zurück in die Innenstadt zu Köftespießen mit Beilagen und erfrischenden Getränken. Motorradfahrer kurvten an uns vorbei. Thomas Berger erzählte mir, wie er als Jugendlicher beim Trampen von einem Motorradfahrer mitgenommen worden sei – ohne Schutzhelm und Schutzkleidung. Nach Aufforderung habe er seine Arme um den Fahrer geschlungen und sich an ihm festgehalten. Ein unvergessliches Erlebnis für ihn, der vorher noch nie auf einem Motorrad gesessen war und nicht damit gerechnet hatte, dass ein Motorradfahrer sich von seinem ausgestreckten Arm am Straßenrand zum Halten bewegen lassen würde. In der heutigen puristischen Zeit sei die Begebenheit nicht mehr vorstellbar.

Über einen Biologielehrer erzählte Thomas Berger, dass dieser ihm durch eine einzige Redeweise in Erinnerung geblieben sei. Von seinem Unterricht habe er *alles vergessen*, aber nicht, dass er sich von Zeit zu Zeit immer wieder mit der Hand vom Hals ab die Brust hinuntergestrichen und dabei gesagt habe: *Ihr müsst euch immer mit kaltem Wasser so einreiben, dann bleibt ihr gesund.*

Wir saßen vor den Köftespießen in der Nähe der Stadtbibliothek. Ich wies mit der Hand dorthin. Band 45 der Geschichtsblätter Kreis Bergstraße stünde auch dort. Mein Mentor sei *in die Geschichte eingegangen*. (*In die Regionalgeschichte* hätte ich besser gesagt.) Das hätte meinem Mentor gefallen, entgegnete Thomas Berger, dass er durch mich in die (Regional-)Geschichte eingegangen sei.

unsichtbar heller

wirklichkeit proteus
abgesunken in vergangenheit
strahlt magie herauf
vereint mich dir
in heimlicherem bund

oh zeit des werdens
der ahnung des vollbringens
ungebrochnen traums –

unsichtbar heller
strahlt der glanz
in bucklige jahre
dass stilles lächeln
mir darüber hilft

Der Vater einer Freundin, mit dem er einmal im Auto gesessen habe, erzählte Thomas Berger, habe unumwunden gesagt, der Mensch beginne für ihn erst *ab dem Rat*; *Studienrat, Regierungsrat und so weiter*, fügte Thomas Berger hinzu. Derselbe Mann habe von einer *einfachen Frau*, die sich von ihrem ersparten Geld eine komfortable Sitzgarnitur gekauft habe, gesagt, diese *stünde ihr nicht zu.*

Mein Mentor wäre als Jesuit wohl höchst verwundert, sagte ich Thomas Berger, wenn ich ihm heute vom Ansehensverlust der katholischen Kirche erzählen würde infolge des Missbrauchsskandals. *Wie soll sich die Kirche insgesamt zeitgemäß wiederfinden?*, fragte ich.

Dem *Zeitgeist hinterherzulaufen,* sei der falsche Weg, antwortete Thomas Berger, aber auf der alten Autorität zu beharren – *Roma locuta, causa finita* –, sei ebenso unmöglich.

Zwischen diesen beiden falschen Wegen müsse es einen schmalen Grat geben, welcher den Königsweg darstelle, mutmaßte ich.

Das ist wohl möglich, entgegnete Thomas Berger, *aber es ist nicht der Mittelweg.*

Auf der Rückfahrt von Bensheim fragten wir im Darmstädter Hauptbahnhof nach einem Zug nach Mainz-Kastel. Ein *Schalterbeamter* gab uns Auskunft. *Es gibt noch jemand in Bahnhöfen, den man fragen kann,* bemerkte Thomas Berger. *Ja,* entgegnete ich, *aber das verliert sich immer mehr.*

Zurück im Haus in Mainz-Kostheim. Thomas Berger interessierte sich für eine Hebbel-Ausgabe. Ich wusste sofort, wohin ich zu gehen hatte: zum dritten Regal, zweites Fach von oben; *die Romantiker bis Wilhelm Raabe.* Aus dem Gedicht *Dem Schmerz sein Recht* zitierte er den Vers *Alles Leben ist Raub.* Ich sah in den Text und entdeckte: *Trotze, so bleibt dir der Sieg.*

Ich erzählte von einem Bekannten, der Bloch persönlich getroffen habe. Das habe er auch, entgegnete Thomas Berger und erklärte, dass er als Gymnasiast Bloch bei einem Vortrag in Düsseldorf erlebt habe. Viel verstanden habe er damals nicht, habe allerdings gemerkt, *dass uns hier ein Denker von hoher Authentizität geschenkt ist.*

Der *Bekannte, der Bloch persönlich getroffen* hatte, war Peter Anton D., ein Zivildienstleistender am Konvikt, er ergatterte wenig später, als Thomas Berger die Unterschrift von Bloch in den ersten Band der Taschenbuchausgabe *Das Prinzip Hoffnung* überreicht bekommen hatte, einen Platz als Gasthörer in einem Bloch-Seminar in Tübingen. D. berichtete, dass ein Student das Seminar geleitet habe. Bloch habe sich wie alle anderen zu Wort gemeldet, was ihm auch sogleich respektvoll erteilt worden sei. Gesprochen habe Bloch *druckreif*; man hätte seine mündlichen Beiträge – aufgeschrieben – *gerade so zum Drucker bringen* können.

Bei einem abendlichen Filmbeitrag anlässlich Blochs neunzigstem Geburtstag saßen Peter Anton D., ein weiterer Zivildienstleistender mit Internatsschülern, unter denen auch ich mich befand, vor dem Fernseher. Bloch mit Sonnenbrille und der obligatorischen Pfeife (die auch in seinen Seminaren bei Meister und Schülern ge[b]raucht wurde). *Der schlechteste Kommunismus sei immer noch besser als der beste Kapitalismus,* äußerte Bloch. Das hätte der Migrant vom DDR-Sozialismus in den BRD-Kapitalismus erklären sollen, meine ich heute, und zwar genauer als mit dem Hinweis auf den *anderen Utopiegehalt* im Kommunismus und Kapitalismus.

Thomas Berger sagte, dass Bloch *Kommunismus* mit den Marxschen Frühschriften und dem Urchristentum verbunden habe. Also eine *romantische Auffassung von Kommunismus* jenseits nüchterner ökonomischer Gesetze? – Wie auch immer: Mit Bloch steht die Frage im Denkraum, ob die Suche nach Heimat gelingen kann oder ob sie uns verwehrt bleibt, weil wir unser Brot *im Schweiße unseres Angesichts* essen sollen (1. Mose 3:19).

Viertes Regal

Das vierte Regal, rief Thomas Berger bei seinem ersten Besuch am 19. September 2021, *die Mitte deiner Führung! Auch eine Erinnerungs- und Kultstätte für deinen Mentor?*

Ja, unter anderem, antwortete ich, *wenn auch nicht ausschließlich. Das wäre nicht in seinem Sinn gewesen.*

Thomas Berger nickte und wartete.

Ich greife mal »Jakob der Lügner« von Jurek Becker heraus, begann ich. *Dieses Buch gilt als das bedeutendste des Autors. In Literaturkreisen wird Beckers Name häufig in Verbindung mit seinem Erstlingswerk genannt.*

Wie bei Thomas Mann mit den »Buddenbrooks« oder bei Günter Grass mit der »Blechtrommel«, erwiderte Thomas Berger.

Alle drei Autoren haben lebenslang geschrieben und ein immenses Gesamtwerk hinterlassen, meinte ich, *aber trotz wichtiger und erfolgreicher Bücher wie dem »Zauberberg« oder dem »Butt« verleiht man das Prädikat »genial« nur ihren Erstlingswerken.*

Eine gewaltige Höhe, von der wir gerade sprechen, befand Thomas Berger.

Dann will ich von dieser »gewaltigen Höhe« hinabsteigen in die Niederungen meines Internatsalltags vor fünfzig Jahren, erwiderte ich lachend, griff nach den beiden blauen Langenscheidts Wörterbüchern und erzählte:

In der Unterstufe – fünftes und sechstes Schuljahr – wurde, vielleicht vor den Weihnachtsferien, eine Verlosung veranstaltet. Im ersten Jahr gewann ich den Hauptpreis: ein Buch nach Wahl. Ich suchte mir ein Wörterbuch Deutsch-Englisch aus. (Hier hielt ich eines der beiden Wörterbücher hoch.) *Im zweiten Jahr stand ich wie alle anderen wieder vor dem Lostopf und schaute auf die blauen Papierröllchen.*

Fand die Verlosung im Kreis aller Unterstufenschüler statt?, fragte Thomas Berger.

Nein, antwortete ich, *ich sehe noch das Bild, wie die Erzieherin Frau Humpf mir in einer Mittagsfreizeit im Studiersaal den Lostopf vorhielt. Bei uns stand ein Schüler und beobachtete die Szene. Ich zögerte einen Moment, holte dann ein Los heraus, rollte es auf – und hatte wieder den Hauptpreis gewonnen. Der Mitschüler stieß einen Laut des Unmuts aus, er sah die Erzieherin an, ob sie vielleicht darauf eingehe und meinen erneuten Hauptgewinn rückgängig machen würde. Frau Humpf sagte nichts. Ihr Schweigen wertete ich damals als versteckte Solidarität mit dem unmutigen Mitschüler.*

Weil sie den Unmut des Schülers nicht zurückgewiesen und klargestellt hat, dass dein zweimaliges Losglück zu akzeptieren sei?

Ja, richtig. Ich suchte mir ein Wörterbuch Englisch-Deutsch aus. (Hier hielt ich das andere Wörterbuch hoch.) *Während einer nachmittäglichen Studierzeit – ich glaube, kurz nach den Weihnachtsferien – legte mir Frau Humpf das Buch wortlos auf mein Pult.*

Steckte irgendetwas dahinter, dass dir der zweite Hauptpreis offensichtlich nicht mit einem Lächeln übergeben wurde?

Bei Frau Humpf hatte ich keine besonders guten Karten. Sie sah in mir einen »schwierigen« und vorlauten Burschen.

Warst du das?

Vielleicht ... das kann schon sein.

Dein Mentor sah oder bewertete dies offensichtlich anders. Heute erscheinst du mir übrigens als eher still, zurückhaltend und gutmütig.

Heute könnte ich vielleicht wieder etwas gebrauchen von meiner burschikosen Art zu Konviktszeiten, lachte ich. *Apropos mein Mentor: Dass ich das Cover mit der Schallplatte »Aqualung« von »Jethro Tull« im Regal ausgestellt habe, hat einen besonderen Grund: Ich lieh das Album einmal für wenige Tage meinem Mentor aus, der es in seiner Pensionärswohnung aus der Hülle nahm und auf den Plattenspieler legte.*

Aha! Gefiel ihm die Musik?

Nur der Titelsong sprach ihn etwas an, über die übrigen Songs verlor er kein Wort; auch nicht über »Locomotive Breath«.

»Locomotive Breath«?, fragte Thomas Berger.

Das ist einer der populärsten Songs der Gruppe, erklärte ich, *ein Klassiker des Progressive Rock.*

Thomas Berger überlegte einen kleinen Moment, bevor er sagte:

Das Cover mit der Schallplatte darin genießt über die Musik hinaus seit Jahrzehnten deine besondere Wertschätzung. Dein Mentor hat es einmal bei sich zu Hause gehabt, in Händen gehalten und auf den Plattenspieler gelegt.

Ich nickte zustimmend und fragte:

Gehen wir zum zweiten Fach über?

Ich vertraue mich ganz deiner Führung an, entgegnete Thomas Berger.

Links stehen Bücher von und über Georg Forster, also »Reise um die Welt« und »Ansichten vom Niederrhein«;

ein Buch über »Forster in Mainz« oder der Forster-Roman »Das Labyrinth« von Ina Seidel. Da müsste auch noch die Biografie von Klaus Harpprecht stehen ... »Georg Forster oder die Liebe zur Welt« ... muss ich mal suchen ... Habe ich sie vielleicht verliehen?

Ich mache mir in solchen Fällen eine Notiz, dass ich sichergehen kann, das Buch auch wieder zurückzubekommen.

So ordentlich bin ich nicht. Meiner Cousine habe ich vor Jahrzehnten die Biografie über Franz von Assisi von Adolf Holl geliehen. Jahre später traf ich sie bei einer Feierlichkeit und erinnerte sie daran. Aber sie gab mir das Buch nicht zurück. Mittlerweile scheint mir der Zeitpunkt vorbei zu sein, noch einmal davon zu sprechen.

Würdest du das Buch gerne wieder in eines deiner Regale stellen?

Nicht unbedingt.

Hast du die Biografie im Nachklang des Buches »Jesus in schlechter Gesellschaft« gekauft, das dir dein Mentor schenkte?

Ja.

Was Georg Forster betrifft, scheinst du dich genauer mit ihm beschäftigt zu haben.

Während meiner Studentenjahre schrieb ich ein Theaterstück über ihn, das ich mit einer bunten Truppe aufführte.

Wie kamst du auf Georg Forster?

Ein Bekannter brachte mich auf ihn. Ich hatte den Namen vorher kaum gehört. Dann jedoch stürzte ich mich in die Recherchearbeit.

Was denkst du heute beim Namen Georg Forster?

Ich denke an die umfassenden Kenntnisse und Fertigkeiten Forsters auf den verschiedensten Gebieten: Sprachen, Biologie, Natur-Zeichnungen (Pflanzen und Tiere), Völkerkunde, Geografie, Politik.
 Nicht zuletzt die Schriftstellerei.
 Selbstverständlich! – Das Spezialistentum in der Wissenschaft seiner Zeit kritisierte Forster bereits ... Was würde er heute dazu sagen? Haben sich die Spezialisten verschiedener Gebiete eines Faches noch etwas zu sagen? Interessieren sie sich füreinander? Oder begreifen sie sich gegenseitig als »terra incognita«?

Thomas Berger nickte nur zustimmend, dergestalt, dass das Spezialistentum seit den Zeiten Forsters noch zugenommen habe, und meinte dann:

Forsters politisches Engagement in der Mainzer Republik hat sein frühes Ende befördert: desillusioniert und vereinsamt im Paris der Schreckensherrschaft.

Seine Ehe mit Therese Forster, geb. Heyne, war belastet, sagte ich, *der nächste Ehemann Thereses, Ludwig Huber, schon in den Familienkreis getreten. Aber Georg Forsters Tochter Marie Therese gab in den vierziger Jahren des 19. Jahrhunderts bei Brockhaus in Leipzig die erste Gesamtausgabe der Werke ihres Vaters heraus.*

Ich überlegte, welche Bücher ich Thomas Berger aus dem zweiten Fach noch präsentieren könnte und schalt mich innerlich, dass ich im Vorlauf seines Besuchs keinen notizgestützten Plan erstellt hatte. Andererseits sperrt ein Plan die Spontaneität aus. Wie viele *geplante Unterrichtsstunden* gelangen mir allenfalls zu mittelmäßigem Verlauf, wohingegen Unterrichtsstunden, die *im Augenblick* ersonnen waren, Schülerinnen und

Schüler zu lächelndem Eifer trieben! Auch wenn damit keine Regel formuliert werden kann, verließ ich mich vor den Regalen mit Thomas Berger auf die *Eingebung* zu einzelnen Büchern. So deutete ich auf *Das siebte Kreuz* von Anna Seghers und sagte:

Der berühmte Roman – auch du äußerst dich in den »Dichterspuren« sehr anerkennend – überzeugte meinen langjährigen Germanistikprofessor an der Mainzer Uni, Wolfgang Düsing, nicht. Er sah darin nur die einfache Frage abgehandelt: Kriegen sie ihn oder kriegen sie ihn nicht?

Welcher Meinung bist du?, fragte Thomas Berger.

Ich denke an die Figur des Paul Röder, ein sogenannter kleiner Mann, dem es gelingt, dem KZ-Flüchtling Georg Heisler zu helfen und dabei noch die Gestapo, die auf ihn aufmerksam wird, an der Nase herumzuführen. Das ist grandios geschrieben. Hätte ich den Mut gehabt, wie »Paulchen Röder« zu handeln? Diese und andere »bohrende Fragen« stellt der Roman.

Das ist doch etwas, wenn Literatur es schafft, uns mit uns selbst auseinanderzusetzen, sagte Thomas Berger.

Zu vier Büchern im zweiten Fach will ich mich kurz äußern, sagte ich. *Das erste Buch ist »Oblomow« von Iwan A. Gontscharow. Ich habe nur noch einen Halbsatz der viele Jahre zurückliegenden Lektüre im Kopf: »Dann fegst du es eben wieder auf«, sagt – glaube ich – Oblomow zu seinem Diener. Aber dass es sich bei Gontscharows Hauptwerk um ein außergewöhnliches Buch handelt, das eine erneute Lektüre lohnen würde, habe ich immer im Hinterkopf. Die Ausbreitung von Seelenlagen – gerade auch problematischen oder »krankhaften« – zulasten der*

Beschreibung äußerer Handlung ist, wenn ich es richtig sehe, ein Kennzeichen moderner Literatur. Insofern bedeutet der 1859 erschienene Roman in meinen Augen mehr als eine Sozialkritik am dekadenten russischen Adel, wie das immer wieder zu lesen ist.

Thomas Berger stimmte mir mit einem Laut und einer kurzen entsprechenden Gebärde zu. Er schien neugierig zu sein auf die drei anderen Bücher des zweiten Faches, die ich ihm mit knappen Bemerkungen charakterisieren wollte. War er auch zufrieden darüber, dass ich mich so kurzfasste und seine Geduld – im Stehen – nicht über Gebühr beanspruchte?

Das zweite Buch, fuhr ich fort, *ist das »Decamerone« von Boccaccio. Ich geriet an die Novellensammlung durch eine Bemerkung Hermann Hesses in der kleinen Schrift »Eine Bibliothek der Weltliteratur«. Sich in einer bedrückenden äußeren Lage – in diesem Fall die Pest in Florenz – zurückzuziehen und »munter zu bleiben« durch geistige Aktivität – hier das Erzählen von Geschichten reihum – erinnert mich von ferne an die »Schachnovelle« von Stefan Zweig.*

Das ist ein origineller Vergleich, meinte Thomas Berger. *Immerhin ist die Schnittmenge »Überleben durch geistige Aktivität« gegeben, wenn auch die jungen Leute in Boccaccios Hauptwerk dies trotz der Pest in wesentlich angenehmerer Lage exerzieren können als Dr. B. in Stefan Zweigs letztem und bekanntestem Werk.*

Das musste ich ohne Weiteres zugeben, griff aber schon nach dem dritten Buch und bemerkte dazu:

Die »Englischen Meistererzählungen« habe ich mir angeschafft in der Hoffnung, darin einen Text zu finden,

den ich dramatisieren könnte, wie ich es kurz nach der Jahrtausendwende mit einer Erzählung Diderots in der Übersetzung Schillers getan hatte. »Merkwürdiges Beispiel einer weiblichen Rache« nennt Schiller seine Übersetzung. Die Verlegerin des Deutschen Theaterverlags in Weinheim, die meine »Szenen nach Diderot« annahm, schrieb mir, dass sie einige Autorinnen und Autoren habe, welche ausschließlich auf die beschriebene Weise verfahren würden.

Was hast du von den »Englischen Meistererzählungen« dramatisiert?, fragte Thomas Berger.

Noch nichts, musste ich zugeben. *Aber wenn mein Blick auf das Buch fällt, denke ich daran, dass wenigstens eine Erzählung darin zu finden sein müsste, mit der sich eine Dramatisierung machen ließe.*

Thomas Berger lachte. Dann meinte er:

Die entsprechende Stimmung und dein Wille müssten zusammenkommen, dass du so etwas noch einmal anfangen würdest, oder?

Ja, nickte ich und fügte hinzu: *Die Stimmung und der Wille müssten auch immer so geartet sein, dass sie alle anderen Schreib-Projekte, mit denen ich beschäftigt bin, beiseiteschieben.*

Ja, sagte auch Thomas Berger und sah mich an. Dann fiel ihm noch ein:

Vorausgesetzt du kannst nicht an zwei Texten gleichzeitig schreiben.

Nein, schüttelte ich den Kopf, *bin ich mit einer Arbeit beschäftigt, zieht sie mich in ihren Bann und ich bleibe – meistens – dabei.*

So geht es mir auch – fast immer, bekannte Thomas Berger.

Ich nickte wieder und lächelte, auch zum Zeichen, dass ich das vierte Buch zur Hand nehmen wollte. Meine kurze Erklärung dazu lautete:

Als ich als Dreizehn- oder Vierzehnjähriger angefangen habe, Schwarzen Tee zu trinken, machte es mir mein Mentor nach. Er schenkte mir ein Teebüchlein, in das er eine Widmung geschrieben hatte:

Ach, die Widmung hast du kopiert und laminiert und benutzt sie als Untersetzer für deine Teetasse?, fragte Thomas Berger, indem er sich gegen meinen Schreibtisch drehte und mit der Hand auf besagten Untersetzer wies.

So ist es, bestätigte ich. Durch den Kopf ging mir noch etwas anderes: Im zweiten Fach steht mittelhochdeutsche Literatur, Hartmann von Aue, Walther von der Vogelweide, »Lexer«, das mittelhochdeutsche Taschenwörterbuch, und so weiter. Aber wo war das Buch »Deutsches Mittelalter« vom Insel-Verlag? Hatte ich das Werk verliehen wie die Biografie Franz von Assisis von Adolf Holl und nicht zurückerhalten? Mein Blick schweifte für einen Augenblick unsicher umher – da entdeckte ich das Buch ganz unten im ersten Regal. Auf den fragenden Blick Thomas Bergers erklärte ich, dass ich eine »Mittelalterabteilung« zusammenstellen müsse; momentan stünden die Bücher noch *»querbeet«* oder besser gesagt: »querregal«.

mit dir übte ich
den aufrechten gang sehnte
mein orplid herbei
ich rauchte deine pfeife
du trankst meinen schwarzen tee

Im dritten Fach, setzte ich neu an, *stehen links zwei Bücher Golo Manns: »Geschichte und Geschichten« – eine Aufsatzsammlung – sowie das erste Hauptwerk des Autors, »Deutsche Geschichte des 19. und 20. Jahrhunderts«. Das erste Buch schenkte mir mein Mentor, als er mich nach meiner Internatszeit im Haus der Großmutter besuchte. Außer dem Aufsatz über »Schiller als Geschichtsschreiber« haben mich die Texte nur wenig interessiert, aber beim schriftlichen und mündlichen Abitur nutze ich das Buch wie eine Mappe für wichtige Papiere: Form-, Aufgaben- und Textblätter, Abiturarbeiten. Das Geschenk meines Mentors löst in mir eine Art des Bedachts aus gegenüber meiner besonderen Dienstpflicht rund um das Abitur, sodass ich mich darüber beruhigen kann.*

Das ist schön zu hören, meinte Thomas Berger.

»Geschichte des 19. und 20. Jahrhunderts« schlage ich immer wieder auf, setzte ich fort. *Es gibt nur ein Unterkapitel – das über Nietzsche – das ich für weniger aussagekräftig halte. Alles andere erscheint mir lehrreich, kernig und mit der unverwechselbaren Skepsis des Autors gegenüber menschlichen Plänen und Handlungen durchtränkt.*

Ich ging gleich weiter zu den danebenstehenden Büchern Franz Josef Schäfers und sagte: *Über »Einmal Theresienstadt und zurück. Familie Lansch wehrt sich gegen die Nazis«* – an dieser Stelle zog ich das Buch hervor und zeigte es Thomas Berger – *habe ich in der »Zeitschrift für die Geschichte der Saargegend« eine Rezension veröffentlicht.*

Komm, lies mir die mal vor!, forderte mich Thomas Berger auf.

Ich war etwas verblüfft, tat indessen sogleich zwei Schritte zum dritten Regal, wo ich die »Zeitschrift« in Buchformat aus dem dritten Fach holte, aufschlug, kurz suchte und vorlas:

»Franz Josef Schäfer: Einmal Theresienstadt und zurück. Familie Lansch wehrt sich gegen die Nazis. St. Ingbert: Röhrig Universitätsverlag GmbH 2019, 158 Seiten, 23 Abb. – die ISBN-Nummer ließ ich weg –; 12,90 €

Franz Josef Schäfer beschreibt ein außerordentliches Detail der Holocaust-Geschichte: Dem Wehrmachtssoldaten Hans Lansch (1906–1990), nach der Diktion der Nationalsozialisten ein ‚Mischling ersten Grades', gelang es unter dramatischen Umständen, seine am 26. Juli 1942 ins KZ Theresienstadt verschleppte Mutter Karoline Lansch, geb. Levinger (1879–1966) auf dem Verhandlungsweg mit der Gestapo-Zentrale in Prag frei zu bekommen. Sie durfte zurückkehren in ihre Wohnung nach Saarbrücken, erlitt dort jedoch bis zum Kriegsende weitere Schikanen der örtlichen Gestapo und stand noch einmal kurz vor dem erneuten Abtransport ins Konzentrationslager, wovor sie diesmal der beherzte Eingriff ihrer Tochter Margarete (Gretl) Lansch (1908–1990) bewahrte; Hans Lansch befand sich als Wehrmachtssoldat im Kriegseinsatz. Die Lektüre der entsprechenden Kapitel in Schäfers Buch macht verstummen vor der Rücksichtslosigkeit und Brutalität des NS-Regimes sowie der Leiden der Betroffenen. Da ist zuerst Karoline Lansch zu nennen. Ein Gestapo-Beamter übermittelte ihr den Bescheid über den Abtransport. Es handelte sich um einen Sammeltransport, angeblich in ein Altersheim, weswegen Karoline Lansch Kleider, Wäsche, Bettwäsche, eine Matratze, Bettzeug und weitere Haushaltsgegenstände abzuliefern hatte – Dinge, die sie nie wiedersah. Auch Medikamente, Schmuck, Taschen, Lederkoffer etc. wurden ihr geraubt. ‚Der Gesamtverlust, der mir persönlich durch den Abtransport und die damit verbundene Beschlagnahmung meines persönlichen Besitzes entstanden ist, beläuft sich auf etwa 10.000,- Reichsmark', zitiert der Autor aus dem Antrag auf

Entschädigung Karoline Lanschs. Der Abtransport und Aufenthalt im KZ Theresienstadt zerrüttete Karoline Lanschs Gesundheit. Im August drang ihr Sohn Hans – von einer mehrmonatigen Ruhrerkrankung noch kaum genesen und von seinem Wehrmachtsstandort in Polen nach Theresienstadt eilend – bis zur Kommandantur des Konzentrationslagers vor, was streng verboten war. Er wurde von den SS-Männern beschimpft, beschrien und bedroht, ließ sich aber durch nichts davon abhalten, die Freilassung seiner Mutter zu fordern. Dies gelang ihm erst auf der Gestapo-Zentrale in Prag, wohin er schließlich verwiesen wurde. Auch dort wiederholte sich zunächst das Szenario aus Beschimpfungen und Drohungen, doch Hans Lansch war Wehrmachtsangehöriger und trug Uniform, was die SS-Leute immerhin nicht unbeeindruckt ließ. Außerdem berief sich Hans Lansch auf einen Erlass Hitlers, wonach die jüdischen Angehörigen von ,Mischlingen', die bei der Wehrmacht in Dienst standen, von Deportationen ausgenommen wurden. Längst hatte Hans Lansch seinen Urlaub überschritten, er konnte die Mutter, die ihm endlich unter strengsten Auflagen übergeben worden war, nur noch auf dem Bahnhof Mitreisenden nach Saarbrücken anvertrauen und musste selbst auf dem schnellsten Weg zurückkehren zu seinem Truppenteil in Polen.

Mit der Rettung Karoline Lanschs aus dem KZ Theresienstadt waren ihre Leiden nicht beendet. Zwar lebte sie wieder zu Hause in Saarbrücken, doch dort war sie weiteren Schikanen der SS ausgesetzt mit Meldeauflagen, »Hausbesuchen« der SS, Kreuzverhören, weil sie angeblich gegen die Auflage verstoßen habe, über ihren Aufenthalt *im KZ Theresienstadt nicht zu sprechen, Drohungen, sie abermals zu deportieren usw. Dieses Verhalten der Saarbrücker SS brachte Karoline Lansch und ihre Tochter Gretl regelmäßig an den Rand des Nervenzusammenbruchs. Eine Haushaltshilfe der Familie Lansch berichtet, dass sie es ‚einfach nicht fassen' konnte, ‚daß aus der vorher noch rüstigen Frau während der Wochen ihrer Abwesenheit ein solches Wrack werden konnte.' (S. 118) Tatsächlich wurde Karoline Lansch ein zweiter Abtransport anbefohlen! Diesmal war es ihre Tochter Gretl, die wiederum unter Aufbietung aller Kräfte verhindern konnte, dass die SS ihr Vorhaben in die Tat umsetzte. Beide Kinder Karoline Lanschs wurden zu ihren Lebensrettern. Franz Josef Schäfer arbeitet, gestützt auf Feldpostbriefe Hans Lanschs an seine Braut, Briefe an ihn von zu Hause, die Personalakte sowie die Entschädigungsakten von Karoline, Hans und Gretl Lansch im Landesarchiv Saarbrücken, die Bedingungen für die Heldentaten der Lansch-Geschwister klar heraus: Einerseits brachten Hans und Gretl Lansch ungeheuren Mut auf, als Einzelpersonen den SS-Behörden entgegenzutreten, andererseits hatten sich die Nationalsozialisten in einen Widerspruch begeben, dass sie auf Befehl Hitlers jüdische Angehörige von Wehrmachtsangehörigen, die als ‚Mischlinge ersten Grades' galten, von der Deportation in ein KZ ausnehmen wollten, was dann bei Karoline Lansch – und nicht nur bei ihr! – aber doch geschah. Dass niemand genau wusste, wie die »Rechtslage« eigentlich aussah, ist nicht nur typisch für den NS-Staat, sondern spiegelt sich auch im Schicksal Hans Lanschs wider: Er wurde zur Wehrmacht einberufen, dann als ‚wehrunwürdig' entlassen, dann wieder aufgenommen ‚zur Bewährung' und mit dem vagen Wort Hitlers, dass erwiesene Tapferkeit nach dem ‚Endsieg' zu Anerkennung und ‚rassischer Gleichheit' mit der ‚arischen Bevölkerung' führen könne ...*

Die eben genannten Kernstellen des Buches Franz Josef Schäfers werden umrahmt von Berichten über das Leben der Mitglieder der Lansch-Familie vor, während und nach der NS-Zeit. Wie etwa dem Musiker Hans Lansch vor seiner Wehrmachtszeit jede künstlerische Betätigung in der Öffentlichkeit nach und nach verboten wurde und er und seine Familie dadurch in höchste ökonomische Bedrängnis gerieten, oder wie die Eheschließung Hans Lanschs mit Eleonore Hartenberger (1920–2001), einer ‚arischen Frau', durch die NS-Behörden hintertrieben wurde, auch dann noch, als sie einen Jungen zur Welt brachte, spottet jeder Beschreibung. Die Schikanen der Nationalsozialisten waren auch in diesem Fall mit finanziellen Einbußen der Betroffenen verbunden, weil Hans Lansch keine Unterstützung für seine kleine Familie beantragen konnte. Überdies drohte ihm ein Verfahren wegen ‚Blutschande'.

Franz Josef Schäfers Buch, das die Lebenslinien weiterer Mitglieder aus dem familiären und Bekannten-Umkreis der Familie Lansch nachzeichnet und im Anhang 36 Biogramme bereitstellt, verdient Anerkennung und weite Verbreitung. Es zeigt an eindrücklichen Beispielen, wohin die Menschenverachtung der Nationalsozialisten führte. Zugleich erinnert es an den fantastischen Mut zweier Menschen, die unter allen Umständen ihre Mutter vor dem KZ bewahren wollten und denen dies tatsächlich gelang: die Geschwister Hans und Gretl Lansch.«

Deine Rezension informiert über das Buch und macht neugierig darauf, sagte Thomas Berger. Er ließ sich Schäfers Werk von mir geben und warf einen genauen Blick darauf. Anschließend reichte er es mir zurück mit einer Geste, die verhieß, dass ich weitersprechen könne.

Ich hielt einen Moment inne, bevor ich sagte:

Dass Menschen während der NS-Zeit nicht allein verfolgt und ermordet wurden, sondern viele auch ungeheurem Psychoterror ausgesetzt waren, ist mir in entsprechender Literatur immer wieder klargeworden. Ein entsetzliches Beispiel ist auch dieses Buch – ich holte den Band »Eine Mutter kämpft gegen Hitler« von Irmgard Litten hervor und zeigte ihn meinem Besucher. *Am 28. Februar 1933 wurde der Rechtsanwalt Hans Litten in »Schutzhaft« genommen. Er wurde am 5. Februar 1938 erhängt in der Latrine des KZ Dachau gefunden; wahrscheinlich wollte er sich vor einem erneuten Folterverhör in den Tod retten. Fünf Jahre lang hatte er entsetzliche Misshandlungen und Demütigungen über sich ergehen lassen müssen. Seine Mutter Irmgard Litten –* hier hielt ich das Buch mit dem Namen der Verfasserin noch einmal hoch *– versuchte während der gesamten Zeit die Freilassung ihres Sohnes zu erwirken. Am Ende stand sie im Beisein der Mörder ihres Sohnes an seinem offenen Sarg.*

Ich stellte das Buch Irmgard Littens zurück ins Regal, wartete einen kleinen Moment und versuchte durch einen speziellen Ausdruck im Gesicht die Überleitung zu den drei Büchern meines Besuchers und Zuhörers ganz rechts im dritten Fach zu erreichen. Ein Gedanke schien mir geeignet zu sein:

Auch deine Bücher will ich zusammenstellen, anstatt dass sie verstreut in den Regalen zu finden sind. Hier habe ich drei stehen: zwei Gedichtbände und dein – darf ich sagen: Hauptwerk? – »Auf Dichterspuren«. Die »Literarischen Annäherungen«, wie der Untertitel lautet, geschehen, wenn ich es richtig sehe, auf zwei Wegen: literaturwissenschaftlich und nach persönlicher Einschätzung. Diese beiden Wege erschließen die Literatur besser, finde ich, als wenn nur einer davon begangen würde. Nach meiner Leseerfahrung sind literarische Betrachtungen von Schriftstellern von besonderer Güte; das zeigt sich mir auch in deinem Werk.

Thomas Berger lächelte.

Was deine Gedichte betrifft, erinnert mich die Verbindung von antiker Welt – antikem Mythos – und christlicher Religion an meinen Mentor. Ich denke, dass er und der erste Rektor des Konvikts nach der Wiedereröffnung im Jahr 1950, Karl Kunkel, von dem Gedanken erfüllt waren, mit dem Christentum und einer an der Antike (mit)orientierten Bildung die Hitlerjahre überwinden zu können.

Durch jahrtausendealte Vorbilder konnte damals – im Jahr 1950, wie du sagst – noch einmal eine Magie des Anfangs geschaffen werden, bemerkte Thomas Berger.

Ja, so sehe ich es, bestätigte ich.

Dann ging ich über zum vierten Regal, indem ich mit der Hand darauf wies.

Dieses Fach ist wohl das einzige in meinen Regalen ohne ein Buch. Das hölzerne Kassettenfach sollte meine Lieblingsaufnahmen ordnen und repräsentativ greifbar machen.

Thomas Berger sah auf die teilweise mit Schreibmaschine erstellten Beschriftungen und stellte nach kurzer Zeit fest:

Alte Musik bis in die Renaissance, Barock, Klassik bis zum Anfang des 20. Jahrhunderts und Rockmusik. Warum hast du formuliert, das Kassettenfach <u>sollte</u> deine Lieblingsaufnahmen ordnen?

Eine gute Frage, entgegnete ich. *Ich habe nach der Einrichtung des Kassettenfachs kaum noch Musik gehört. Bis dato hat sich der Musikkonsum bei mir fast ganz verflüchtigt.*

Womit hängt das zusammen?

Vielleicht mit der Ernüchterung meiner späteren Jahre? Mit den »Krallen des Alltags«, wie du in einem Gedicht geschrieben hast? Jedenfalls stelle ich fest, dass die Bereitschaft zum Musikhören bei mir fast ganz versiegt ist. – Ein großer Unterschied zu früheren Jahren.

Nun sorgte Thomas Berger für das Fortschreiten, indem er fragte:

Was ist das für ein Blick aus dem Fenster?

Das Foto hat mir mein Mentor geschickt. Es stellt den Blick aus seinem Wohn- und Arbeitszimmer dar.

Wo du mit ihm »Gespräche am Teetisch« geführt hast?

Ja.

Und die französische Fahne?

Die Fahne bildete den Anlass, dass er das Foto schoss und mir zusandte. Damals fand in Bensheim ein Treffen mit einer französischen Delegation statt – worum es sich genau handelte, müsste ich nachsehen. »Von sich aus« hing mein Mentor die Fahne raus. Er hatte ein Faible für alles Französische; die Sprache beherrschte er sehr gut.

Und die Weinflaschen sind auch von deinem Mentor?

Indirekt, gab ich zur Antwort und erklärte:

Die beiden großen Flaschen sind ein Geschenk des früheren Bürgermeisters und Ehrenbürgers der Stadt Bensheim, Georg Stolle. Ich hatte ihn im Oktober 2010 um ein Interview als Zeitzeuge gebeten. Damals recherchierte ich für meine Konvikt-Aufsätze, Stolle war Schüler des Konvikts nach der Wiedereröffnung im Jahr 1950. Er hatte die beiden Rektoren Karl Kunkel und Dr. Paul Tillmann erlebt; was konnte er mir darüber sagen?

Sicherlich viel, meinte Thomas Berger.

Und Überraschendes, ergänzte ich. *Zum Beispiel war ich aufgrund der Elternbriefe Paul Tillmanns, seines Zeichens Jurist und Theologe, davon ausgegangen, dass die Kontrolle der Schüler und die Regelung des Lebens im Konvikt lückenlos und umfassend gewesen sei, aber Stolle winkte nur ab und sagte: »Wir haben gemacht, was wir wollten!« Fast den ganzen Tag war ich mit Stolle im Gespräch – im Rathaus, dem ehemaligen Konvikt, wo Stolle als Bürgermeister residiert hatte ...*

In den fünfziger Jahren als Zögling dort gelebt, in den Achtzigern als Bürgermeister dorthin zurückgekehrt, bemerkte Thomas Berger.

Ja; Bürgermeister von Bensheim war er bis 2002 ... – Später saßen wir im Schönberger Hof, wo er mich zum Mittagessen einlud und mir auch über seine Jahre als Bürgermeister erzählte.

War auch vom früheren Rektor Franz Josef Thelen die Rede?

Ja, ausführlich sogar. Stolle interessierte sich dafür, wie ich Thelen als Schüler erlebt hatte. Er bekannte mir sein völliges Unverständnis über das Verhalten der Kirche, die die Stadt Bensheim nicht informiert hatte über die Bewährungsstrafe gegen Thelen. Im gegensätzlichen Fall wäre Thelen von der Stadt nicht zum Gründer und Leiter des Jugendzentrums gemacht worden. Natürlich hätte er bei seinem Weggang von Bensheim auch nicht die Ehrenplakette verliehen bekommen.

Was das Jugendzentrum betrifft, wurde der Bock zum Gärtner gemacht.

Allerdings!, sagte ich.

Und die beiden kleineren Flaschen Wein?

Sind ein Geschenk nach meiner Lesung in Bensheim im Sitzungssaal des Rathauses, der ehemaligen Kapelle, am fünften Februar 2020.

War Georg Stolle auch da?

Ich wollte ihn natürlich einladen, aber er starb kurz vorher am 19. Januar.

Ich verharrte einen Moment, dann sagte ich:

Beim Treffen mit Stolle unterhielten wir uns, wie erwähnt, auch über Karl Kunkel ...

Den ersten Rektor des Konvikts nach der Wiedereröffnung im Jahr 1950.

Ja. Kunkel lebte hochbetagt in Bensheim, und Stolle stand mit ihm in Kontakt. Ich fragte vorsichtig, ob es möglich wäre, auch mit ihm zu sprechen, aber Stolle wehrte ab; Kunkel sei zu krank dafür. Am 30. Januar 2012 starb er.

Thomas Berger kam noch einmal auf das vergrößerte und laminierte Foto mit dem Fensterblick und der französischen Fahne zu sprechen:

Was denkst du, wenn du das Bild siehst? An die französische Fahne?

Nein, ich denke, dass ich – wenigstens zeitweise – gerne in der Wohnung sitzen würde. Ich würde wieder neu anfangen zu leben: mit Musik, Teetrinken und Pfeiferauchen; mit Lesen, Malen und Schreibideen.

ins weite fragen
doch wenn sich alles verliert
dass es möglich ist
hierorts wie ich es kannte
wohnstatt in unserer zeit

Erinnern dich die beiden Bände der Geschichtsblätter Kreis Bergstraße an das Gespräch mit Stolle? Denn die hast du doch auch im zweiten Regal auf der Gipsplastik »Na-dann-lassen-wir-das-einmal!« liegen, oder?

Die beiden Bände markieren für mich den Anfang meiner Phase, in der ich Aufsätze zur Regionalgeschichte veröffentlicht habe.

Welcher Zeitraum war das genau?

Von 2011 bis 2016, als mein bisher letzter Aufsatz erschienen ist.

Vor der Phase, in der du didaktische Literatur veröffentlicht hast?

Ja, von 2017 bis voraussichtlich 2022, wenn in der Reihe EinFach Philosophieren mein Heft über Existenzphilosophie erscheint,

In welcher Phase bist du jetzt?

In einer Umbruchsphase.

Woran machst du das fest?

Daran, dass ich Schreibpläne zu einem regionalgeschichtlichen und didaktischen Thema habe. Oder sollte ich besser deinen Besuch und meine Führung an den Regalen beschreiben?

wissend geworden
bist du bei dir zu sitzen
drangsal enthoben
das erzählen neu geformt
gehe ich aus mir heraus

Gibt es sonst noch etwas, was du mir von den drei unteren Regalfächern erzählen willst?
Neben den beiden Bänden der Geschichtsblätter Kreis Bergstraße stehen drei Bücher von Wolfgang Hamberger, langjähriger Oberbürgermeister von Fulda, geboren in Bensheim.
Wie bist du zu den Büchern gekommen?
Franz Josef Schäfer hatte Kontakt zu Wolfgang Hamberger und regte seinen Besuch an meiner Schule an. Die Gelegenheit trat ein mit dem bundesweiten Vorlesetag. Der über Achtzigjährige fuhr mit dem Auto von Fulda nach Mainz. In der Schule standen neben mir der Schulleiter und sein Stellvertreter zur Begrüßung bereit. Beim ersten Gespräch mit Dr. Hamberger verstummten der Schulleiter, sein Stellvertreter und ich vor dem Erfahrungsschatz und Handlungsspielraum, den der frühere OB ausbreitete. Er las vor dem Jahrgang 10 aus seinem Buch »Faszination Amerika. Biografie einer Freundschaft von der NS-Zeit bis heute« vor; die Episode, als er als Vierzehnjähriger am 27. Februar 1945 von Bensheim nach Mainz fuhr,

um Verwandte zur Bergstraße zu begleiten, wo sie vor den alliierten Bomben besser geschützt wären, konnte eindrücklicher nicht sein. Der junge Wolfgang Hamberger geriet in Mainz in das Inferno des verheerenden Angriffs englischer Lancaster- und Halifax-Bomber, »geschützt von 120 Mosquito-Begleitjägern«, die Mainz weitgehend zerstörten. Wie er den Bomben- und Feuerhagel überlebt hat, weiß er bis heute nicht genau. Seine Lesung wurde von den Jugendlichen mit atemloser Stille verfolgt.

Wie hast du die Lesung Wolfgang Hambergers aufgenommen?

(Nach einer Pause) *Als ich mitgeschrieben habe an einem Heft mit Unterrichtsvorschlägen zum Thema Stadt in historischer Hinsicht, habe ich mich für das Kapitel »Flächenbombardements im Zweiten Weltkrieg« entschieden. Ein Arbeitsblatt enthält einen Auszug aus Hambergers Buch, den er vor der Jahrgangsstufe 10 vorgetragen hatte.*

Betreffen die Arbeitsblätter Flächenbombardements nur auf deutsche Städte?

Ja, das Heft thematisiert die Entwicklung der Stadt in Deutschland. Natürlich habe ich darauf hingewiesen, dass der Krieg von Hitler-Deutschland in andere Länder getragen worden war und schließlich von dort nach Deutschland zurückkam. (Kurze Pause) *Tja, beinahe am Ende des vierten Regals will ich nur noch drei Punkte ansprechen. Im vierten Fach steht das Buch »Sozialismus aus dem Glauben«, es handelt sich um einen Tagungsbericht aus Heppenheim – der südlichen Nachbarstadt von Bensheim – vom Jahr 1928. Derartige Titel stellen, wenn ich so sagen darf, ein ganz spezielles*

Schrifttum dar. Durch meine Beschäftigung mit der Regionalgeschichte bin ich daran gelangt und habe selbst »derartige Titel« in Aufsatzform produziert wie »Behördliche Regelungen kirchlicher Feiertage an der Bergstraße in den Jahren 1945-1952«, »Anordnungen zur Fürsorgeerziehung im Kreis Bergstraße in den Jahren 1934-1938« oder »Max Gorges als Bezirksgemeindearchivpfleger«.

Thomas Berger lachte.

Dass du die Titel noch auswendig weißt!

Es sind ja meine eigenen, entgegnete ich.

Hast du die beiden Elektrogeräte, den CD-Player und den Laptop, noch in Betrieb?, fragte Thomas Berger unvermittelt.

Den Laptop nicht mehr, antwortete ich, *den CD-Rekorder kaum noch. Ich müsste* nachdenken, *wann ich ihn zum letzten Mal in Gebrauch hatte.*

Das Kassettendeck funktioniert noch?

Ja.

Du könntest deine ordentlich beschrifteten Kassetten wieder zum Klingen bringen.

Wenn ich die Zeit noch dazu hätte, entgegnete ich. – Eigentlich wollte ich noch bemerken, dass ich das Buch »Die Kultur der Renaissance in Italien« von Jacob Burckhardt stets mit der brieflichen Äußerung meines Mentors in Verbindung bringe, er habe sich bei der Lektüre gewünscht, in der Zeit des Werkes gelebt zu haben, aber der Bruchteil einer Sekunde ließ mich anders entscheiden; vielleicht würde ich es bei anderer Gelegenheit erwähnen.

Fünftes Regal

Assoziationsketten zu bilden, darauf kommt es an. Natürlich überhaupt erst einmal den Funken zu schlagen, aber dann das Feuer zu nähren, sagte ich zu Thomas Berger.

»Unvergessliche Schachpartien« von Rudolf Teschner sowie »Schacheröffnungen. Der kleine Bilguer« von Kurt Richter und Rudolf Teschner kaufte ich mir während meiner Konviktszeit in der »Lehrmittelanstalt« in Bensheim. Damals saß ich im Konvikt über die Bücher gebeugt, spielte Partien der großen Meister von Philidor bis Bobby Fischer nach und lernte den besonderen Charakter der verschiedenen Eröffnungsvarianten kennen. Bobby Fischer, der in den Büchern noch als »amerikanischer Großmeister« bezeichnet wurde, wertete ich handschriftlich zum Weltmeister auf, der er bis 1975 war, auch wenn er als ein nicht-spielender Weltmeister in die Schachgeschichte eingehen sollte. Beim »Wettkampf des Jahrhunderts« zwischen Fischer und Spassky 1972 in Reykjavik fieberte ich als einer der vielen Millionen gewöhnlichen Schachspieler rund um den Globus mit. Zwanzig Jahre später führte ich mit einer Studententruppe im Hörsaal P1 der Johannes-Gutenberg-Universität Mainz ein selbstgeschriebenes Stück über Fischer auf mit dem Titel »Robert James F.« – just zu der Zeit, als Fischer überraschend noch einmal die Schachbühne betrat und im ehemaligen Jugoslawien einen eher unrühmlichen »Revanchekampf« gegen Spassky führte; der Austragungsort stand unter US-amerikanischem Embargo, gegen das Fischer verstieß; auf einer Pressekonferenz zeigte er sich rüpelhaft.

Im Sommer dieses Jahres unternahm ich mit Lina und Livi einen Ausflug zu unserer gemeinsamen Alma Mater in

Mainz. Wir wollten zum Botanischen Garten gehen, der jedoch geschlossen war. So schlenderten wir an Seminar- und Vorlesungsgebäuden vorbei. Lina meinte, es sei ein gutes Gefühl, die alte Atmosphäre noch einmal zu atmen im Wissen, dass sie das Examen hinter sich habe. Als wir am P1 vorbeikamen, reizte es mich, hineinzugehen, um die Bühne wieder in Augenschein zu nehmen. Tatsächlich ließen sich die Türen zum Vorraum und zum Vorlesungssaal öffnen; der P1 stand leer. Mit Livi auf dem Arm ging ich auf die Bühne, erzählte vom Sommer 1992 und entdeckte, dass bei der Schiebetafel Kreide lag.

Warum nehme ich heute nicht mehr die alten Schachbücher aus der Konviktszeit zur Hand und baue dazu meine hölzernen Figuren auf?, fragte ich Thomas Berger. *Schach spiele ich noch häufig, aber nur noch digital. Meine Gegner kenne ich nicht, sie befinden sich in irgendeinem Land der Welt und werden mir auf elektronische Weise zugelost. Einmal kam mein Gegner aus dem Vatikan. Verbarg sich hinter dem Pseudonym der Papst?*

Thomas Berger lachte. Ich fuhr fort:

Was ich sagen will: Muss es nicht zu Kopfschmerzen führen, immerzu auf ein Display zu starren, beruflich und privat? Habe ich mich in den digitalen Beschleunigungswahn bringen lassen, dass ich es offensichtlich für »zu umständlich« halte, mich mit den Schachbüchern und dem »analogen Spiel« zu beschäftigen als einer wohltuenden Gegenwelt?

Thomas Berger überlegte kurz und meinte dann:

Du zeichnest auch, das müsste dir ebenso Ruhe und Erholung vermitteln vor den allgegenwärtigen Bildschirmen und der immer stärker um sich greifenden Abhängigkeit von der Technik.

Das stimmt, entgegnete ich; nicht ganz von mir selbst überzeugt. Sollte ich das Zeichnen nicht intensivieren? Bedeutete die *Frage der Zeit* nicht eine schwache Entschuldigung dafür, dass ich die Zeichenstifte manchmal wochenlang nicht anrühre?

Spielte dein Mentor auch Schach?

Nein, antwortete ich, *meine Schachleidenschaft unterschied mich schon zu Internatszeiten von ihm. Er bewundere Schachspieler, sagte er, aber er selbst habe keine Geduld für das Spiel. Solche unterschiedlichen Auffassungen oder besser Empfindungsweisen betrafen auch Zierfische und Prachtfinken. Ich liebte Aquarien und finde sie bis heute magisch, vorausgesetzt, sie sind gepflegt; er hielt sich Prachtfinken in einem großen Käfig.*

Ah!, reagierte Thomas Berger auf dieses Detail, *weißt du noch, welche Arten von Prachtfinken den großen Käfig bevölkerten?*

Ein Mozambique-Zeisig erfreute ihn wegen des schönen Gesangs. Dann besaß er noch Schmetterlingsfinken, Nonnenvögel und Astrilde. Regelmäßig nahm er das Badehäuschen ab und ließ die Vögel im Zimmer fliegen. Sie kehrten immer von selbst in den Käfig zurück.

Heute sieht man in Zoohandlungen nur noch selten Prachtfinken.

In den letzten Jahren habe ich gar keine mehr gesehen, sagte ich, *obwohl ich immer danach Ausschau halte.*

Gibt es zu deiner Schachleidenschaft noch etwas zu bemerken?

Wenn ich die Stunden summiert bekäme, die ich über Schachbüchern und Displays mit Schachspielen zugebracht habe, würde ich wohl erschrecken. Worauf gründete sich dieses Erschrecken? Es gründete auf dem Fortschritts- und Erfolgsdenken, auf dem Gedanken der Effektivität. Von dort aus betrachtet, fällt meine Bilanz gering aus: über das Niveau eines besseren Clubspielers habe ich es nicht gebracht. Doch hätte ich wirklich nichts oder nur wenig verloren, wenn ich die Zeit für »sinnvollere Tätigkeiten« genutzt hätte? Die Erfahrung des Spielens bedeutet nach Schiller, »ganz Mensch zu sein«, weil sich Freiheit mit freiwillig auferlegten Regeln verbindet. Die Wahrheit dieses Wortes habe ich eindrücklich bei meinem Besuch Professor Wissers in Worms im Jahr 2005 beobachten können. Professor Wisser hatte in der Toreinfahrt verschiedene Steine gelagert. Auf meinen fragenden Blick erklärte er, dass er von seinen Spaziergängen häufig Steine mitbringe, die ihm aus irgendeinem Grund »merkwürdig« oder besser gesagt des Aufhebens und Mitbringens wert erschienen. Dabei strahlte der achtundsiebzig Jahre alte Mann jungenhaften Glanz aus und versprühte einen von mir nie gesehenen Charme.

Nach einer kleinen Pause, in der mir Thomas Berger zugenickt hatte, wechselte ich das Thema:

Noch eine Schallplatte von Jethro Tull: »Living in the Past«. Das Doppelalbum bringt mir einerseits die Atmosphäre der Konviktsjahre herauf, in denen ich die Musik »rauf und runter« gehört habe, andererseits ist der Titel »Living in the Past« für meine fortgeschrittenen Jahre konstitutiv geworden. Erinnerung entsteht durch vergangene Erlebnisse. Je länger einer gelebt hat, umso mehr Erinnerungen hat er angehäuft – theoretisch zumindest.

Wie meinst du das?

Erinnerung hängt mit der Empfindungsfähigkeit zusammen, Erinnerungswürdiges überhaupt zu bemerken. Dann auch mit der Pflege der Erinnerung. Der Erinnerung »nachzugehen«, sie dabei zu vertiefen und womöglich weitere Bruchstücke des Erinnerungs-Bildes zu finden und zusammenzusetzen.

Intuition und Bewusstheit, um nicht zu sagen Wille, spielen bei der Erinnerung eine Rolle, sagte Thomas

Berger, *das ist sicher wahr. Aber* <u>*welche*</u> *Erinnerung suchen Bewusstsein und Wille heraus?*

Angenehme Erinnerungen, antwortete ich; nunmehr im Plural. *In einem Interview nach dem Tod ihres Mannes wurde Karola Bloch gefragt, ob es in ihren vielen Ehejahren auch Streit gegeben habe. Sie antwortete, dass es sicher Streit gegeben habe, aber sie erinnere sich nur noch an das Positive.*

Hatte sie eine Erklärung dafür, sich nur noch an das Positive zu erinnern?

»Vielleicht ist das das Alter«, meinte sie. Ich sehe es so, dass es für das eigene Befinden förderlich ist, sich angenehme Erinnerungen zu vergegenwärtigen.

Eine These, welche deine sieben Regale belegen!

Ich nickte nur und fuhr fort:

Der Erinnerung im eigenen Innenleben einen bevorzugten Platz einzuräumen, hielt Hermann Hesse für ein Kennzeichen und Vorzug des Alters. Nur wir selbst wissen noch, wie es »damals hier oder dort« ausgesehen hat, wie dieser oder jener Mensch »gewesen ist«, der längst verstorben ist. Dieser Erinnerungsschatz unterscheidet uns von jungen Menschen, die viel stärker in der Gegenwart aufgehen als wir.

Ich hielt einen Moment inne, bevor ich weitersprach:

Eines Abends stand mein Mentor während seiner Aufsicht in unserem Schlafsaal. Wir Schüler unterhielten uns darüber, dass wir nun schon mehrere Jahre im Konvikt wohnten und bezeichneten uns scherzhaft als »Alt-Veteranen«. Mein Mentor mokierte sich über diesen Ausdruck auf eine Weise, die mir damals fast übertrieben vorkam, ohne dass ich den Hintergrund deuten konnte. Heute begreife ich eher, was der Grund für seine Abwehr gewesen sein mochte: im Vergleich zu uns, die wir vier oder fünf Jahre Schüler des Konvikts waren, brachte er es auf bald schon fünfundzwanzig Jahre als Konviktserzieher. Unser Ausdruck »Alt-Veteranen« stieß in ihm den Gedanken auf, dass er wie Methusalem wirken musste. – Nicht anders ergeht es heute mir, wenn im Geschichtsunterricht von der Ermordung John F. Kennedys, den Olympischen Spielen 1972 in München, der Fußballweltmeisterschaft 1974 oder dem Mauerfall und der Wiedervereinigung Deutschlands 1989 und 1990 die Rede ist. Nicht immer erkläre ich dann meine Zeitzeugenschaft, um den Schülerinnen und Schülern nicht als »Methusalem« zu erscheinen.

Du hast vorhin gesagt, dass nur wir selbst noch wissen, wie es an diesem oder jenem Ort gewesen war, aber wir lebten damals nicht allein; es gibt also noch etliche Menschen mit identischen Erinnerungen.

»Identische Erinnerungen« – das glaube ich nicht. Denn die Weise unseres damaligen Erlebens und heutigen Erinnerns ist einmalig; zwar mit einer Schnittmenge, was das äußere Geschehen betrifft, aber einmalig im individuellen Empfinden. Auf dieser Ebene verschafft uns die Erinnerung in späteren Jahren ein neues Gefühl von Individualität.

»Erleben und heutiges Erinnern« sagst du. Zwischen diesen beiden Aspekten gibt es Unterschiede ...

Ja; kehren wir zum Doppelalbum »Living in the Past« von Jethro Tull zurück. Schon der Anblick des Covers bringt mir die alte magische Konviktszeit wieder hervor.

Thomas Berger nickte wieder und fragte:

Was gibt es im zweiten Fach zu entdecken?
Durch Professor Wisser lernte ich Haiku kennen. Fasziniert sah ich ein neues Betätigungsfeld vor mir: Dreizeiler in der klassischen 5-7-5-Silben-Form zu schreiben. Im zweiten Fach steht ein Büchlein über das Haikuschreiben, das ich mir damals anschaffte. Inhaltlich verfahre ich ganz frei: Gedankliches oder »dinghafte Außenwelt« passen in meine Dreizeiler. Auch »ganze Gedichte« schreibe ich im Dreizeiler-Format.

Wie wäre es mit einer Kostprobe?, fragte Thomas Berger. *Vielleicht zuerst sieben Beispiele für Haiku, analog zu deinen sieben Regalen?*

Lächelnd ging ich zum dritten Regal und zog im dritten Fach eine Anthologie heraus, wo ich aus einer kleinen Sammlung meiner Haiku auswählen konnte. Langsam las ich, nach jedem Haiku legte ich eine kurze Pause ein:

lass den zweifel nicht
die oberflächenspannung
des wassers brechen

*

nur einen sommer
des maien teure knospen
lebenslanger blick

*

die poetische
andere verhältnisse
spiegelnde sprache

*

zurückkehren; nicht
als rächer; vermögend in
neuem amt und recht

*

der herbst auf der jagd
nach mir, hat mich eingeholt
mit seinesgleichen

*

halb fünf uhr morgens
die wespe am fenster macht
die spinne nervös

*

verweht die gier nach.
allumfassende rückkehr.
liegend. es geschieht.

*

Thomas Berger nickte mir zu.
Hast du noch Geduld für ein »ganzes Gedicht im Dreizeilerformat?, fragte ich.
Lass hören!

Wo, Ariadne?

Noch einmal spüren.
Die Wehmut mischt sich ein, die
Kraft bleibt wie von fern.

Immerhin noch dies.
Der Ausweis der Gegenwart
seltsam gefleddert.

Vom Nachklang gezurrt,
lösen sich die Blätter nicht;
zähe Groteske.

Wo, Ariadne,
liegt der Faden aus? Schreibend
ihn suchen, bleibt meins.

Wir legten eine Pause ein, Thomas Berger begleitete mich in die Küche zu einem Kräutertee. Zurück im Studiersaal fiel mein Blick auf eine Zeichnung, die ich während einer telefonischen Probe mit der Organisatorin einer Lesung skizziert hatte, wo ich eine meiner Erzählungen zum Besten geben wollte. Am darauffolgenden Mittwoch sollte noch einmal eine telefonische Probe stattfinden. Würde ich dabei eine neue Zeichnung zu Papier bringen?

Thomas Berger sah mich mit einem fragenden Blick an, in dem ich die Aufforderung zum Weitermachen erkannte:

Das Foto ist Anfang der sechziger Jahre für eine Broschüre des Konvikts gemacht worden, sagte ich und deutete auf das laminierte Bild rechts im zweiten Fach. *Es zeigt den Clubraum der Oberstufe während einer Abendfreizeit.*

Ja, die Decken- und Wandlampen brennen, das Fenster ist schwarz, meinte Thomas Berger. *Was geht dir durch den Kopf beim Anblick des Fotos?*

Mehreres. Zuerst natürlich mein Mentor. Er war zum Zeitpunkt, als das Foto entstand, mit großer Wahrscheinlichkeit im Haus gewesen.

Vielleicht hat er sogar selbst den Fotoapparat betätigt ...

Auch das kann ich nicht ausschließen. – Ich stelle mir vor, ich könnte in das Foto »zurückkehren«. Ich würde mich sofort auskennen. Rektor G. und, wie erwähnt, mein Mentor leiteten das Haus und würden beide noch in ihren Ämtern sein, würde ich als neuer Konviktsschüler am 27. August 1970 zum ersten Abendessen den Speisesaal betreten. Auch die Räumlichkeiten des Hauses wären mir präsent.

Thomas Berger lächelte.

Anfang der sechziger Jahre war ich ein Kleinkind. Kannst du mir sagen, warum ich als Mann in meinem Alter derartige Gedanken hege?

»Derartige Gedanken« will ich nicht abwerten. Sie können den Ausgangspunkt künstlerischer Betätigung bilden.

Ja, sagte ich. *Bezüglich deiner Frage, was mir durch den Kopf geht beim Anblick des Fotos, ist da noch Johannes K., ein ehemaliger Konviktsschüler. Als ich in das Konvikt eintrat, befand er sich in der Unterprima. Er hat mir die Broschüre über das Konvikt geschickt, aus der ich das Foto kopierte und vergrößerte. Ich rief ihn an und bedankte mich. Er erzählte, dass er Lehrer an einer Schule für Lernschwache sei und sich auf seine Pensionierung freue. Seine Stimme klang matt, sie stach ab vom kraftvollen Eindruck, den ich von ihm aus Konviktstagen im Gedächtnis bewahrte. Im Unterschied zu mir hat er das Konviktsleben nicht geliebt. Er versuche, diese Zeit zu vergessen, sagte er mir. Das Foto des Clubraums der Oberstufe nahm er als Beleg für die Langeweile, die im Konvikt geherrscht habe. Denn was machen die Schüler? Sie sitzen an Tischen, unterhalten sich und lesen Zeitung.*

Die Pensionierung hat er nun wohl erreicht, sagte Thomas Berger.

Schon seit einigen Jahren, denke ich.

»Ein Tag im Leben des Iwan Denissowitsch« von Alexander Solschenizyn, leitete ich über zum nächsten Fach. *Der ästhetische Reiz des Buches, das ich im letzten Konviktsjahr las (Schuljahr 1975/76), bestand darin, dass ich mich sofort in die Lage des Protagonisten versetzen konnte, zumindest das Gefühl hatte, dass es so war. Ein gedrücktes, elendes Leben, eine missgünstige, brutale Macht, welcher Iwan Denissowitsch ausgeliefert ist – und dabei die kleinen Glücksmomente, wenn er einen zusätzlichen Happen ergattern kann und den Geschmack eines Wurststückchens so lange wie möglich im Mund zu halten versucht. Vor allem faszinierte mich die Ahnung, dass die Beschreibung eines einzigen Tages vom Weckruf bis zum Löschen des Lichtes alle Tage Iwan Denissowitschs und seiner Mitgefangenen im Lager darstellt.*

Kontrastierte diese ästhetische Faszination nicht mit der Anklage, welche die Erzählung gegen das stalinistische Lagersystem erhebt?

Die Frage lautet wohl tatsächlich, welche Wirkung die Ästhetisierung der brutalen Vergangenheit im Konstrukt der Erzählung besitzt.

Was glaubst du?

Die Ästhetisierung schafft einen eigenen »amoralischen Raum«, in dem das brutale Geschehen nur noch »Materialwert« besitzt, oder sie lenkt umgekehrt in besonderer Weise auf den realen Hintergrund.

Nun?

Die Ästhetisierung bedeutet zwar eine neue Ebene, aber als »amoralisch« will ich sie nicht bezeichnen, weil sie auch das Moment der zumindest teilweisen Bewältigung des Geschehens darstellt – für den Autor selbst, der Gefangener im Gulag war, und gegen den Stalinismus, der mit den geistigen Waffen eines Einzelnen auf die Anklagebank gesetzt wird.

Also bist du der Ansicht, dass die Erzählung in besonderer Weise auf den realen Hintergrund lenkt.

Letztlich schon.

Was heißt »letztlich«?

Die Wirkung des Buches wie die der anderen Werke Solschenizyns, insbesondere bis zum zweibändigen Hauptwerk »Der Archipel Gulag«, trat nicht sofort ein, aber seine Bücher trugen – letztlich – dazu bei, den realexistierenden Sozialismus als totalitäres System zu entlarven; auch im Westen, wo verklärende Vorstellungen vom Sozialismus noch lange kursierten.

Wohl erst recht, als du das Buch im Konvikt gelesen hast, oder?

Ja, ich fühle noch den erstaunten Blick des Rektors Franz Josef Thelen auf mir liegen, als er das Taschenbuch mit Solschenizyns Namen bei mir entdeckte. Sein Erstaunen hielt an, weil ich das Sowjetregime wegen der Verfolgungen Solschenizyns für korrupt erklärte. Unter Fortschrittlichen war es damals »unüblich«, den realexistierenden Sozialismus zu kritisieren.

Tabus gibt es in bestimmten Milieus bis heute.

Sicherlich – vielleicht sogar wieder verstärkt. Aber noch ein Wort zu Solschenizyn. Auch er war nicht vor Irrtümern gefeit. Nachdem er 1994 nach Russland (Russische Föderation) zurückgekehrt war, schätzte er Putin falsch ein als jemanden, der nicht an der Macht klebe.

Als »lupenreiner Demokrat« kann Putin eher nicht durchgehen.

Der realexistierende Sozialismus war nur eine Spielart des in Russland bis heute allgegenwärtigen Despotismus.

Jetzt nur noch zwei Bemerkungen, sagte ich zu Thomas Berger. *Hier im vierten Fach das Buch »WORLD WAR II« – vor einigen Jahren erregte es die Kritik eines Klassenkameraden meines Sohnes, der zu Besuch gekommen war.*

Wieso ich dieses Buch hätte?

Ich zuckte die Achseln; ein Geschenk meiner Frau von ihrer USA-Reise; als Geschichtslehrer ...

Aber wieso ich dieses Buch hätte? Über den Zweiten Weltkrieg!

Offensichtlich war er der Ansicht, dass der Besitz eines solchen Buches eine militaristische und womöglich schlimmere Haltung offenbare. Verblüfft und belustigt sah ich ihn an. Missmutig verließ er meinen Studiersaal.

Heideggers »Sein und Zeit« neben Sartres »Das Sein und das Nichts«. (Ich deutete auf die Bücher ganz links im fünften Fach.) *Die beiden Bände erinnern mich an meine didaktische Schrift über Existenzphilosophie, für die ich die Hauptwerke philosophischen Schrifttums im 20. Jahrhundert ausgiebig zu Rate zog. Anfang kommenden Jahres soll das Heft erscheinen, auch mit zwei Textauszügen aus deinen Büchern über Camus, Thomas.*

In meinem Philosophiekurs bespreche ich derzeit am Beispiel deines Essays »Im Angesicht der Finsternis«, wie ein philosophischer Essay gestaltet werden kann. Wir freuen uns auf deinen Besuch im Unterricht nach den Herbstferien. Lehrer und Lernende werden von deinen Erfahrungen zum Schreiben einer philosophischen Abhandlung profitieren.

zaungast geblieben
in der kunst und wissenschaft
und philosophie

Sechstes Regal

Wir waren am vorletzten Regal angekommen.

Im ersten Fach siehst du drei Ordner, für die ich eine Zeitlang von einem Verlag gelochte Faltblätter zur deutschen Geschichte erhielt, sagte ich zu Thomas Berger. *Mein Gefallen an der Geschichte regte sich früh. Wenn ich als Kind etwas aufschnappte von Karl oder Otto dem Großen, von Bismarck oder den Diktatoren des 20. Jahrhunderts, war ich interessiert und empfand die mir noch völlig fremden Themen schon als die meinen. So blieb es durch die Jahrzehnte bis heute. Vielleicht gibt es einen weiteren Grund für meine Freude an der Geschichte, außer dass ich sie als »angeboren« erachte: Alle noch so turbulenten, grotesken, edelmütigen, wohlgefälligen, nüchternen, grausamen oder absurden Vorgänge vergangener Tage – sind vorbei. Ich habe keinen Grund mehr zur Aufregung, die bei aktuellen Geschehnissen gegebenenfalls geboten erscheint. Ich goutiere die Geschichte wie einen Film oder ein Theaterstück, auch wenn ich mich »zusätzlich« noch wissenschaftlich oder in didaktischer Hinsicht mit ihr befasse. Die geschützte Zuschauerrolle ist immer gegeben.*

Hast du durch deine Beschäftigung mit der Geschichte etwas gelernt?, wollte Thomas Berger wissen.

Geschichte hört nicht auf, antwortete ich, *sie widerlegt immer wieder einen Gutteil unserer Auffassungen, auch wenn sie uns »felsenfest« erscheinen. Geschichte befördert auch immer wieder bestimmte Verhaltensmuster: »Bilderstürmer«, Moralisten, Puristen, Fanatiker ... – Auch wir haben es wieder mit Zeitgenossen zu tun, die auch noch die Vergangenheit nach ihren Vorstellungen »umschreiben« wollen.*

Rechts im ersten Fach stehen Gitarrenbücher?, erkundigte sich Thomas Berger.

Ja, antwortete ich. *Weit habe ich es nicht gebracht im Gitarrenspiel, ich beherrsche nur die Begleitung mit Akkorden. Für diese geringe »Ausbeute« stehen zu viele Gitarrenbücher im Regal.*

Wahrscheinlich hast du mit dem Neukauf eines Gitarrenlehrgangs gehofft, dich weiterentwickeln zu können.

So ist es, bestätigte ich. *Aber letztlich kann in allen derartigen Publikationen nur das Gleiche stehen. Das musste ich irgendwann einsehen.*

Wenn man umfangreich interessiert ist, wie es bei dir zweifellos der Fall ist, gibt es auch Themen, die dich zwar noch anziehen, wo die »Ausbeute«, wie du sagst, aber eben gering bleibt. Das würde ich einfach so hinnehmen, ohne mich zu ärgern oder zu grämen, sagte Thomas Berger.

Ich nickte und zeigte auf das gelbe Heft der »Schlesischen Geschichtsblätter«:

Herbert Chwalek, der älteste Bruder meines Vaters, lebte von 1920 bis 1985. In den letzten Jahren seines Lebens besuchte er mich einmal wöchentlich zum Schachspielen im Haus meiner verstorbenen Großmutter in Flörsheim am Main. Onkel Herbert wünschte sich, dass ich sein Leben beschreiben würde, das abenteuerlich genug war: Sechzehn Jahre lang war er von zu Hause fort gewesen; fünf Jahre Krieg, elf Jahre Gefangenschaft in der Sowjetunion. Mit den letzten Kriegsgefangenen kehrte er 1955 zu seinen Eltern und Geschwistern zurück, aber nicht mehr in die schlesische Heimat, sondern in den Westen ...

Nach Flörsheim am Main?, fragte Thomas Berger. Ich nickte und sagte:

Die Geschichte, die ich schrieb, spielte in einem Gefangenenlager in Südafrika. Das gefiel ihm nicht. Auf seine Frage, wie ich auf Südafrika verfallen sei, wusste ich keine rechte Antwort.

Thomas Berger lächelte.

Fünfunddreißig Jahre nach seinem Tod, setzte ich fort, *informierte mich seine Tochter M., dass sie ein handschriftliches Tagebuch ihres Vaters aus der Kriegszeit gefunden habe. Ich berichtete Franz Josef Schäfer die Neuigkeit, der sich sogleich dafür interessierte. Als Zuträger von Material für den Aufsatz Franz Josef Schäfers über das Leben und insbesondere die Kriegsschilderungen meines Onkels konnte ich mich nützlich machen. Der Aufsatz ist geteilt erschienen in drei Ausgaben der Schlesischen Geschichtsblätter 2021 und '22* – wieder zeigte ich auf die gelbe Zeitschrift auf der Buchstütze im zweiten Fach – *und vollständig publiziert im Jahresband 2021 des »Archivs für hessische Geschichte und Altertumskunde« (AHG).*

In einer Nebenrolle hast du also doch noch dazu beigetragen, dass der Wunsch deines Onkels nach einer Beschreibung seines Lebens, insbesondere seiner Kriegs- und Gefangenenjahre, erfüllt wurde, meinte Thomas Berger.

In diesem Sinn habe ich auch Franz Josef Schäfer geschrieben, entgegnete ich, *er antwortete, dass sich mein Onkel den Text über ihn wahrscheinlich anders vorgestellt hätte als die nüchtern-kritische Diktion über die*

»Partisanenbekämpfung« in einem von Hitler-Deutschland überfallenen Land.

Literaturgeschichten, setzte ich die Betrachtung des Regals fort, *informieren über das Herkommen eines Autors oder einer Autorin.* Ich zeigte im zweiten Fach rechts auf den großen hellbraunen Einzelband sowie die sechs weiß eingebundenen kleineren Hardcover-Bände. *Sie geben die Werkfolge wieder, legen den Inhalt der Hauptwerke dar, stellen Bezüge zu Epochenmerkmalen her und werten die Texte des Autors oder der Autorin.*

Bei der Wertung ergibt sich eine Schnittmenge zur Literaturkritik, sagte Thomas Berger.

Das ist ein interessanter Punkt, entgegnete ich. *Äußerungen, die die literarische Qualität eines Textes betreffen, sind in der Literaturwissenschaft nach meinem Eindruck vorsichtiger formuliert, oft muss man sie »herauslesen«; bei der Kritik geschieht die Wertung offen und sozusagen unverblümt. Aber worauf ich hinauswill: Ich stelle mir eine Literaturgeschichte vor, die von Autoren geschrieben ist, welche ihre Lieblingsschriftsteller oder -schriftstellerinnen vorstellen und nahelegen, warum dieses oder jenes Werk gelesen werden sollte. Sachinformationen könnten dabei einfließen und bildeten einen Lerneffekt en passant.*

Sozusagen eine »engagierte Literaturgeschichte«, meinte Thomas Berger.

Ja, bestätigte ich, *dein »Dichter Abc«, das wir schon erwähnt haben, geht in diese Richtung. Das ist einer der Gründe, warum mir dieses Buch so gut gefällt.*

Das noch nicht zu Ende gemalte Bild, leitete ich zum nächsten Punkt über, *hält die Szene fest, als ich mit meinem*

Mentor am Konvikt entlang die Kirchbergstraße hinunterging. Ein flüchtiger Bekannter meines Mentors kam uns entgegen und fragte mit Blick auf mich: »Ist das Ihr Sohn?« Mein Mentor verneinte und sagte dann, als der Bekannte weitergegangen war, halblaut vor sich hin: »Das wäre schön!«

andere eltern,
die *richtigen*, musste ich
mir selber schaffen

Das naiv gemalte Bild des Schlafzimmers meiner Großeltern – wie es vor über vierzig Jahren ausgesehen hat, sagte ich dann. *Als Kind erlebte ich die Aufenthalte in der Hauptstraße 29 in Flörsheim am Main als Erholungszeiten vor dem gewalttätigen Elternhaus. In meinem Utopie-Heft für einen Schulbuchverlag habe ich das Schulentlassungszeugnis der Großmutter verwendet und ihren vergeblichen Wunsch, Lehrerin zu werden, thematisiert. An den Großvater erinnerte ich mich in einem Heft über den Ersten Weltkrieg. Eine Seite seines Militärpasses mit den Eintragungen der »Mitgemachten Schlachten und Kämpfe« über die volle Zeit des Krieges ist abgebildet. Im Verfassertext gehe ich der Frage nach, was ich mit meinem heutigen Wissen den Großvater fragen würde zu seinen Kriegserlebnissen.*

Willst du was essen?
Die Großmutter kocht ein Ei.
Ich sitz und seh fern.

Wir setzten die Besichtigung fort.

Den Lyriker und Mainzer Buchhändler Jürgen Kross (1937–2019) lernte ich in seinem Laden in der Vorderen Präsenzgasse kennen. Er war ein freundlicher und zurückhaltender alter Mann. An der Theke entdeckte ich einen seiner Lyrikbände, der dort ausgelegt war. So erfuhr ich erst, dass der Inhaber der Buchhandlung, in der ich mich befand, Gedichte veröffentlichte. Mit der Zeit schaffte ich mir eine kleine Sammlung der Lyrikbände an. Ich erwarb sie im Laden des Autors, wo ich private und schulische Bestellungen aufgab. Hin und wieder schenkte er mir auch einen Gedichtband und schrieb eine Widmung hinein wie in »unverwandt« aus dem Jahr 2011:

Als mein Aufsatz über die kommunistische Reichstagsabgeordnete und Widerstandskämpferin Franziska Kessel (1906-1934), die im »Hessischen Landgerichtsgefängnis Mainz« von Nazi-Schergen entweder ermordet oder – durch die Folter-Verhöre – »geselbstmordet« worden war, im Spätherbst des Jahres 2014 in Band 15 der »Mainzer Geschichtsblätter« erschienen war, überreichte ich ihm eine Ausgabe. In seinem Weihnachtsgruß ging er darauf ein:

Er erzählte mir, dass er in seiner Jugend über einen längeren Zeitraum krank in Quarantäne gelegen habe. Während dieser Zeit habe er viel gelesen, unter anderem »den ganzen Stifter«. Dass seine Buchhandlung nach seinem Tod bestehen bleiben würde, bezweifelte er. Er sollte recht behalten. Als wir einmal über seine Gedichte sprachen, sagte ich ihm, dass sie »bleiben würden«, weil er mit ihnen einen eigenen Tonfall gefunden habe. An einem Wintertag traf ich ihn in Begleitung einer jungen Frau vor der Stadtbibliothek Mainz und grüßte ihn respektvoll. Immer wenn ich die Stadtbibliothek betrete, sehe ich Jürgen Kross auf dem Gehweg stehen.

Die letzten drei Fächer enthalten Malutensilien. Dass ich den Zeichen- und Buntstift in die Hand nehmen würde, hätte ich ehedem nicht geglaubt. Mein Motivator war mein Mentor. Als ich Anfang der achtziger Jahre seelische Turbulenzen zu durchleben hatte, riet er mir zu malerischer Betätigung. Die Anregung griff ich damals nicht auf, aber sie überdauerte fast vier Jahrzehnte in meinem Bewusstsein. Dann überlegte ich bei einem Museumsbesuch, dass ich am liebsten ein eigenes »Museum« hätte. Die Bilder, die darin zu sehen wären, müsste ich selbst malen. Ungefähr zur gleichen Zeit hatte ich zu jedem Tag eines Monats irgendein schönes und ermutigendes Ereignis mit meinem Mentor notiert ...

Kannst du mir Beispiele geben?, fragte Thomas Berger.

Erinnere dich der Zeichnung, die meinen Mentor und mich am Wandschrank mit meinen Tiergeschichten zeigt.

Dein »Taufbild«, wie du gesagt hast.

Ja. Dieses Ereignisses erinnere ich mich besonders an jedem ersten Tag des Monats. Oder denke an das Bild, wo mir der Prä die Schallplatte »Hamburger Concerto« von »Focus« schenkt – dafür ist mein »Gedenktag« der 23. eines Monats.

Der Vorabend deines Geburtstages am 24. Mai.

Ich nickte. Thomas Berger fuhr fort:

Diese beiden Bilder würdest du in deinem »Museum« ausstellen, ebenso, wie ich vermute, das Bild »Pfeifentabaksgeschenk«, das eigentlich »Tabakspfeifengeschenk« heißen müsste ...

Ja, diese Bilder würden zu meiner Sammlung gehören... Auch dieses etwa ... (ich suchte aus der Mappe folgende Zeichnung heraus:)

Hier habe ich die Episode dargestellt, als mir mein Mentor gegen Ende meiner Konviktszeit einen Schreibtischstuhl schenkte. Wir haben ihn in seiner

Wohnung zusammengeschraubt. Nach Jahrzehnten ist der Stuhl ganz unbrauchbar geworden, ich musste ihn wegtun. Das Bild erinnert mich an das besondere Möbelstück ...

den schritt zu wagen

übers wasser gehn
jahrzehntelange lehre
vom lob der freundschaft

als du atmetest
und gingst sprachst und lächeltest
mir die hand reichtest

und ehre verliehst
meinem sein und versprechen
nur diesen beiden

zu stiller freude
deinem ruf zu folgen und
den schritt zu wagen

Oder diese Zeichnung: Sie bezieht sich auf den Moment, als mir mein Mentor eine Tür aufhielt, die er zuvor aufgeschlossen hatte. Der Hintergrund bestand darin, dass er mich mit einem Mädchen, einer Klassenkameradin, im Konvikt angetroffen hatte. Die aufgehaltene Tür führte in den »Herrenraum«, wo die Erzieher normalerweise das Frühstück und den Nachmittagskaffee einnahmen. Heute denke ich bei dem Bild nicht mehr an die

*Klassenkameradin, mit der ich im »Herrenraum«
verschwand, sondern dass mir mein Mentor eine Tür
öffnete, die normalerweise verschlossen war.*

raum der stille

mein freund öffnet mir
den raum der stille, niemand
stört mich dort, er wacht

vor der zerstreuung,
vor noch so verständlichem
inneren aufruhr.

sein freundschaftsdienst heischt
konzentrierteste arbeit,
der ich lang entriet.

sein dienst ein geschenk
verheißungsvoller weite
früher ahnungen

Würden die Exponate deines »Museums« einzig deinen Mentor ehren?
Eine Abteilung wäre natürlich ihm gewidmet, eine weitere Abteilung anderen Bildern, wofür die Zeichnung »Ein Paar« ein Beispiel ist.
Kannst du mir zu deiner malerischen Vorgehensweise weitere Informationen geben?
Mit den Bildern will ich mich auch Gegebenheiten annähern, die bestanden haben müssen, die ich aber nicht selbst erlebt habe.
Wie meinst du das?
Ich lächelte und sagte:
Zugegeben, das klingt etwas kompliziert. Ich will es mit einem Beispiel verdeutlichen: Vielleicht war es im Jahr 1973, als ich mit meinem Mentor in ein Gespräch über Prachtfinken kam. Von irgendwoher – ich weiß es heute nicht mehr – gelangte ich an einen Käfig, den ich mit allem Nötigen versah: Vogelsand, Prachtfinkenfutter, Kolbenhirse, Wasserhäuschen. Diesen Käfig stellte ich auf

meinen Nachtschrank. Am nächsten Tag, als ich nach der Schule in den Schlafsaal ging, zwitscherte ein Zebrafinken-Pärchen im Käfig; ich war selig. Damals habe ich meinen Mentor nicht gefragt, wo er »auf die Schnelle« das Finkenpärchen gekauft hatte. Es konnte eigentlich nur in der Zoohandlung Eberle gewesen sein. Wenn dies der Fall war, musste mein Mentor mit hoher Wahrscheinlichkeit den Rückweg über die Darmstädter Straße und dann über die Kirchbergstraße genommen haben, das Konvikt durch den Eingang mit dem in roten Sandstein gesetzten Schriftzug »Bischöfliches Konvikt« betreten und auf dem Weg mit der roten Backsteinmauer rechts entlang zur Hauptpforte gegangen sein. Diesen Moment, »an der roten Backsteinmauer entlang«, soll mein nächstes Bild zeigen.

Auch malerisch betätigst du dich als Historiker, meinte Thomas Berger, *du fragst, »wie es gewesen sein könnte«. Aber eine Sache interessiert mich noch: Es gibt Autoren, die beim Schreiben gezeichnet haben, wo die gezeichneten Figuren den Schreibprozess regelrecht beeinflusst haben ...*

Für mich sind Schreiben und Zeichnen getrennte Bereiche. Über die Episode mit dem Schreibtischstuhl oder der Tabakspfeife kann ich keine Erzählungen schreiben, aber als Bildmotive haben sich mir die Episoden aufgedrängt.

ohne die flamme

die tage schöner
begeisterung sind dahin
ernste lese zählt

den dienst versehen
will ich noch leisten, mein freund
ward der glanz auch bleich

doch dies bleibt und hält
zerstiebte ich sonst ins all
ohne die flamme

der hüter bist du –
aller unbekümmertheit
der jungen tage

*

anhauch

nicht mehr den verlust.
was noch bleibt: tag und stunde;
fehlt noch dein entschluss.

kleine tätigkeit.
lass es dir nicht verdrießen;
zuversicht ergraut.

die zeichen waren.
die wunder sind geschehen;
blasse legenden.

hüter der flamme.
warst der lebendige kern;
suchst den anhauch neu.

Siebtes Regal

Das siebte und letzte Regal hatte auf mich den ungeordnetsten Eindruck gemacht, weshalb ich es kürzlich einer »Überarbeitung« unterzog, sagte ich zu Thomas Berger. *Jetzt stehen Lehrwerke im ersten Fach; daneben, in der rechten Ecke, ist das Meisterwerk von Neil Young, »Harvest«, positioniert; im zweiten Fach kann ich nach Werken der Philosophie, östlichen Religion, Mystik sowie Musiker-Biografien greifen; das dritte Fach trägt Werke der Geschichtsschreibung und -wissenschaft; im vierten Fach befindet sich Belletristik.*

Und in den unteren Fächern?, fragte Thomas Berger.

Die beiden unteren Fächern gebrauche ich derzeit zur Ablage für Schreibutensilien und anderes. Mein alter Schreibtisch hatte drei Schubladen mit gutem Fassungsvermögen, mein neuer Schreibtisch weist lediglich eine flache Mittelschublade auf.

Thomas Berger signalisierte durch eine Geste, dass ich fortfahren möge.

Ich muss zugeben, dass mir die »Überarbeitung« des Regals gefällt, begann ich noch einmal, *auch wenn von einem befriedigenden Ergebnis noch nicht gesprochen werden kann. Kierkegaard neben Bourdieu – auch das muss geändert werden, weil ich keine »Linie« dabei erkennen kann.*

Du könntest das siebte Regal einer erneuten »Überarbeitung« unterziehen, etwa nach chronologischen Gesichtspunkten, meinte Thomas Berger, *oder du könntest auch einzelne Regale deinen Interessensgebieten widmen, vielleicht hier im siebten Regal nur philosophische oder historische Werke aufstellen. Von diesen beiden Fachgebieten hast du wohl weniger Bücher als von der*

Belletristik. Eine konsequent logische Reihung ließe sich schon bewerkstelligen, denke ich; nicht nur im siebten Regal, sondern in allen Regalen. Aber wie du selbst schon angedeutet hast, liegt dies nicht in deinem Naturell.

Ich nickte Thomas Berger zu. Einerseits empfand ich das Nicken als Zustimmung zu seiner Äußerung, dass *»eine konsequent logische Reihung«* nicht in meinem Naturell liege, andererseits wollte ich seinen Vorschlag zur Neuordnung meiner Regale erwägen. Doch zunächst zeigte ich auf die Lehrwerke links im ersten Fach:

Unter den Lehrwerken befinden sich auch altgriechische, begann ich. *Der zweite Rektor, den ich im Konvikt erlebte und beim dritten Regal schon erwähnt habe, Otto Lause, hatte sich bereiterklärt, einem Kameraden und mir Altgriechisch beizubringen. Als Zeitpunkt wurde die Abendfreizeit gewählt. Das nahmen wir zwei Burschen sehr ernst. Otto Lause war ein gutmeinender, aber zerstreuter Mensch. Schon bald schien er es zu bereuen, dass er uns zugesagt hatte, in der Abendfreizeit eine kurze Lektion in der Sprache Homers zu erteilen. Mein Mentor kam einmal zufällig vorbei, entdeckte Otto Lause an der Tafel mit altgriechischen Buchstaben und meinen Kameraden und mich mit aufmerksamen Mienen; daraufhin erklärte er Otto Lauses Unterrichtsversuch für fehlgeleitet, und zwar mit einer Entschiedenheit, die ich nicht nachvollziehen konnte. Fürchtete mein Mentor meine und meines Kameraden Überforderung? Aber bis heute bin ich froh, dass ich in den wenigen kuriosen Altgriechisch-Lektionen Otto Lauses – die der Rektor übrigens bald wieder einstellte – wenigstens gelernt habe, die griechischen Buchstaben und so ganze Sätze zu lesen.*

Thomas Berger nickte mir beifällig zu, dergestalt, dass er es ebenfalls nicht für das Schlechteste halte, wenigstens altgriechische Wörter lesen zu können. Eine entsprechende Bemerkung schob er gleich nach. Jetzt fiel mir eine Äußerung Blochs an seine Studentinnen und Studenten in Leipzig ein, als er sie bat, wenigstens das altgriechische Alphabet zu lernen, um zentrale Worte der griechischen Philosophie im Original lesen zu können. Ich wollte schon heraus mit dieser Lektüreerinnerung, als Thomas Berger sagte:

Auch eine bescheidene Anstrengung kann schon Früchte tragen. Indessen zeigen die Lehrwerke, dass du die Absicht gehabt hast, über das Lesen-Können hinaus zu kommen.

Wenn meine Frau noch ein Ergänzungsstudium in katholischer Theologie ablegt, entgegnete ich, *greife ich hoffentlich in allem Ernst danach ... Jetzt würde ich gerne auf Neil Youngs LP »Harvest« zu sprechen kommen,* sagte ich. *Das Album erinnert mich heute an besondere Situationen während meiner Konviktszeit.*

Erzähle!, forderte mich Thomas Berger auf.

Es handelt sich um nichts Erhebendes, meinte ich, *eher im Gegenteil!*

Thomas Berger sah mich aufmerksam an. Ich fuhr fort:

In meinem ersten Konviktsschuljahr galt noch die Regelung, dass alle vierzehn Tage ein Heimfahrwochenende anlag. Aber schon unter Otto Lause diktierte der Sparwille ein anderes Verfahren: Nun gab es nur noch ein *»Gemeinschaftswochenende« im Monat, an drei Wochenenden schwärmten die Konviktsschüler nach dem* *samstäglichen Unterricht mit Reisetaschen und Koffern in alle Richtungen – bis auf eine Handvoll Schüler, die aus irgendwelchen Gründen die Möglichkeit in Anspruch nahmen, das Wochenende im Internat zu verbringen.*

Und du gehörtest dazu?, fragte Thomas Berger.

Von Zeit zu Zeit immer wieder, antwortete ich.

Um deinem Elternhaus zu entgehen, wo du nicht zu Hause warst?

Ja.

Wie wurde es ermittelt, wer am Wochenende im Internat blieb?, wollte Thomas Berger wissen.

Der Rektor erkundigte sich freitags nach dem Mittagessen, ob es am Samstag »Hierbleiber« gebe, sagte ich.

Wie viele Schüler waren das in der Regel?

Eine Handvoll ... und ganz unterschiedlichen Alters ...

So dass ihr im Konvikt Gebliebenen das Wochenende auch nicht zusammen verbrachtet?

Außer bei den Mahlzeiten in der Küche und beim sonntäglichen Gottesdienst in der Stadt blieben wir allein.

Wer gab euch die Mahlzeiten?

Ein Erzieher, »den es getroffen hatte«, die Aufsicht zu führen. Meinen Mentor habe ich in dieser Funktion nicht erlebt; vielleicht ein Zufall.

Was hat das nun mit Neil Youngs Album »Harvest« zu tun?

Ich lag im Schlafsaal im Bett, hörte vom Radiorekorder die ruhigen und eher melancholischen Songs und versuchte, das Wochenende zu verschlafen. Heute sehe ich das Album als Aufforderung, »etwas zu tun«, gerade auch in schwierigen Situationen, weil ich nicht mehr so passiv bleiben will wie damals.

Ich hielt einen Moment inne und sagte dann:

Kommen wir zum zweiten Fach! Bei der »Überarbeitung« des Regals fiel mir die Gedichtsammlung des chinesischen Dichters Han Shan in die Hände. Mit Begeisterung habe ich ehemals die achtzeiligen Gedichte gelesen. Nun lese ich sie noch einmal – wieder mit Freude!

Wann hat Han Shan gelebt?

Wahrscheinlich Ende des siebten, Anfang des achten Jahrhunderts.

Willst du ein Gedicht vorlesen?

Gerne!

Ich hole das Buch aus dem Regal und wählte, ohne viel zu überlegen, das Gedicht Nummer Dreiunddreißig aus:

»Oft denk ich an die Tage meiner Jugendzeit
Als ich auf Jagd durchstreift die Gegend um P'ing Ling
Mir stand der Sinn nicht nach Regierungsposten
Schätzte selbst der Unsterblichen Dasein gering
Auf einem Schimmel sprengte ich den ganzen Tag umher
Ließ jubelnd meinen Falken auf die Hasen los –
Ehe ich mich versah ist alles das zerronnen
Die Haare weiß, wer kümmert sich dann noch um dich?«

Wenn etwas »zerrinnt«, bleibt nichts übrig, sagte Thomas Berger. *Aber vielleicht tritt etwas Neues auf, nämlich die Besinnung und der Rückblick auf das Leben.*

Ja, stimmte ich zu. Bei einer Busfahrt habe ich einmal eine alte Frau sich mühselig setzen gesehen. Sie kommentierte den Vorgang mit einem Wort, das ich später in ein Haiku fasste; übrigens mein einziges Haiku in Mundart:

*dass ich im alter
noch emoal so dabisch wern
hen ich nit gedenkt*

Besonders eindrücklich hat die Alterserfahrung der saarländische Schriftsteller und Übersetzer Hans Therre in »Elsterbach. Eine Art Heimatroman« beschrieben, fuhr ich fort, *erschienen 2020.*

Ich griff im vierten Fach nach dem Band, schlug die Seite 95 auf und las vor:

»Ja, das Alter, selbst wenn eine glückliche Genetik es gnädig meint und eine seelische Kosmetik Wunder vollbringt, hält mit dem (hier blätterte ich um) *körperlichen und immer öfter auch geistigen Verfall eine der schwersten Lebenskränkungen bereit, die den spiegelsüchtigen Menschen, sei er Narziss, der sich in sein Abbild in der Quelle verliebt, oder schöne Märchenkönigin (‚Spieglein, Spieglein an der Wand, wer ist die Schönste im ganzen Land?') zum spiegelscheuen Geschöpf macht. Das Alter ist ein andauernder, mal steifer, mal sanfter Gegenwind, der uns zwingt, immer kleinere Schritte zu machen, die trotzdem immer mehr Kraft kosten. Das ist wohl nicht zu ändern, es sei denn, wir erschließen uns neue Kraftquellen und nutzen die vorhandenen intensiver. Aber unbesiegbar ist das Alter doch, ein furchterregender Marathonläufer,*

der selbst die Besten abhängt, eine nicht mehr sinkende, sondern stetig steigende Flut, in der die Möglichkeiten des Lebens eine nach der andern wie Inseln überspült werden, um nie wieder aufzutauchen.«

Thomas Berger nickte zustimmend und fragte:

Wie hast du das Zitat so rasch gefunden?

Ich habe über das Buch eine Rezension geschrieben; von daher kannte ich die entsprechenden Seiten noch, antwortete ich.

Thomas Berger zitierte ergänzend einen Ausspruch des früheren französischen Staatspräsidenten Charles de Gaulle: *»Das Alter ist ein Schiffbruch.«* Dann sagte er:

Im Fernsehen habe ich eine Sendung über eine Eremitin gesehen, sie war knapp über sechzig und meinte, dass zu ihrer Lebensphase die »Gesamtschau« des Lebens gehöre. Mir scheint, dass du mit der Führung an deinen Regalen entlang auch schon in diese Richtung gehst. Aber lass uns fortfahren!

Ja, kommen wir zum dritten Fach!, erklärte ich und zeigte auf die beiden dicken blauen Bände auf der linken Seite.

Die beiden Geschichtswerke über Exilerfahrungen ehemaliger Münchner Bürgerinnen und Bürger in der NS-Zeit und danach sowie eine preisgekrönte Dissertation von Tanja von Fransecky über die Flucht von Juden aus Deportationszügen in Frankreich, Belgien und den Niederlanden habe ich ursprünglich gelesen, um Rezensionen darüber zu schreiben, später konnte ich Auszüge aus beiden Werken auch verwenden für mein Heft über den Holocaust in einem Schulbuchverlag.

Ich machte eine kurze Pause, dann fuhr ich fort:

Die Phase des Rezensionen-Schreibens und der regionalgeschichtlichen Beiträge wurde von der Zeit abgelöst, in der ich didaktische Literatur verfasst habe. Der Band »Rheinische Schicksalsfragen. Probleme des deutschen Westens« stellt mich vor die Frage, ob ich noch einmal »zurückkann«, um einen weiteren regionalgeschichtlichen Aufsatz zu schreiben.

Thomas Berger sah mich fragend an.

Der Hintergrund besteht darin, erklärte ich, *dass die Vorsitzende der »Geschichtsblätter Kreis Bergstraße« mich wegen eines neuen Textes ansprach, den ich ihrer Redaktion einreichen könnte. Ich erwähnte das Material, das ich von einem früheren Schreibplan noch besitze, den Band »Rheinische Schicksalsfragen« mit Reden anlässlich einer Geschichtslehrertagung im Herbst 1928 im Hotel »Halber Mond« im südhessischen Heppenheim sowie Quellen zur Organisation der Tagung und Veröffentlichung der Redebeiträge vom Bundesarchiv Berlin. Die Vorsitzende zeigte sich interessiert daran.*

Könntest du sofort loslegen mit Schreiben?, fragte Thomas Berger.

Nein, antwortete ich, *zu leisten wären noch Recherchen über den Werdegang der Redner. Sie haben ihre Ausbildung im Kaiserreich erhalten, sich beruflich etabliert in der Weimarer Republik, weitergearbeitet in der NS-Zeit und schließlich in der jungen Bundesrepublik noch einmal wissenschaftlich Fuß zu fassen versucht. Auch wenn ich die Fragestellung darauf richte, welche Positionen sie im Herbst 1928 über die »Rheinischen Schicksalsfragen« und »Probleme des deutschen Westens« vertraten, ob diese Positionen politischen Ausgleich oder Revanchismus zeigen, muss ich noch Archivarbeit leisten. Das Thema besitzt Potenzial. Aber bin ich noch der Mann dafür?*

Thomas Berger lächelte mir freundlich zu und zuckte die Achseln dergestalt, dass er verstehe, was ich meine, aber mir meine Frage nicht beantworten könne. Ich reagierte mit einem Kopfnicken, dann deutete ich auf das Buch »Das Weltbild des mittelalterlichen Menschen« von Aaron J. Gurjewitsch.

Dieses Werk hat mir die Bedeutung der Mentalitätsgeschichte eindrücklich vor Augen geführt. Denkweisen und Überzeugungen schaffen zunächst einmal Gräben zwischen den Epochen und Generationen. Aber ich muss nicht bis ins Mittelalter zurückgehen, um mir dies klarzumachen. Erlebe ich doch an mir selbst, dass mein »Herkommen« aus der analogen Welt des vergangenen Jahrhunderts, wo Schallplatten und Radiorekorder mich bestimmten, den heutigen Jugendlichen »unendlich weit« entfernt scheint.

Ein gewaltiger Sprung vom Mittelalter bis in die neunzehnhundertsiebziger Jahre und die Gegenwart, sagte Thomas Berger lachend, *aber ich verstehe ungefähr, was du sagen willst. Nicht nur unsere jeweiligen technischen Standards, sondern auch unsere »Denkweisen und Überzeugungen«, wie du formuliert hast, sind dem sicheren Wandel ausgeliefert ...*

»Wandel«, wiederholte ich und zeigte auf das Bild eines jungen Mannes auf einem roten Motorroller:

Hier handelt es sich um meinen am 30. Dezember 2005 im Alter von nicht ganz vierundfünfzig Jahren verstorbenen ältesten Bruder Herbert. Die Krankheit trug er lange Jahre mit sich. Sie hat ihn still werden lassen, der vorher voll pulsierender Lebenskraft war. Im Oktober 2005 besuchte er mich in M., um meine Steuererklärung anzufertigen; er war Finanzwirt, ich war und bin in solchen Angelegenheiten unkundiger Laie. Dabei ereignete sich ein merkwürdiger Moment: Er gab mir durch einen Blick seiner Augen zu verstehen, dass er von etwas Schlimmerem betroffen war als unserer Kindheit im gewalttätigen Elternhaus. Natürlich hatte er recht. Die Erlebnisse meiner ersten Jahre begriff ich schließlich als Material, mit dem ich – schreibend – arbeiten konnte. Aber was blieb ihm zu tun, als einmal seiner Tochter gegenüber die nüchtern-bittere Erkenntnis zu äußern, dass er mit der Krankheit nicht alt werde? Das frühe Foto von ihm auf dem roten Roller mit einer Einkaufstasche auf dem Platz zwischen den Füßen habe ich ausgeschnitten und verstärkt mit Pappdeckel. Es steht neben dieser Bronzeplatte (ich nahm die Platte in die Hand), *die sein Sternzeichen Steinbock sowie sein Geburtsdatum in römischen Zahlen zeigt: VI.I. MCMLI. Die Bronzeplatte habe ich beim Ausräumen seiner Wohnung mitgenommen.*

Ich vollzog eine leichte Körperdrehung, die anzeigen sollte, dass ich zu einem weiteren Thema kommen wollte. Dabei sah ich Thomas Berger an und sagte:

Du hast schon manches erwähnt und beschrieben, was mir im Gedächtnis bleibt. Zum Beispiel deinen Bekannten Frank K., der seit vielen Jahren nachmittags die Hausaufgabenbetreuung an einer Privatschule leistet und dessen Leidenschaft die Aristoteles-Forschung darstellt. Materiell in den bescheidensten Verhältnissen lebend, immer die gleiche Kleidung tragend, hat Frank K. wohl seine Ersparnisse darangegeben, um die Druckkosten des Verlages zu bezahlen, der sein Aristoteles-Buch veröffentlichte. Oder deine Bemerkung über Kafka, dass er Spaß daran gehabt habe, absurde, jämmerliche und bedrohliche, letzthin ausweglose Situationen zu schildern, geht mir auch nicht mehr aus dem Kopf. Der weltberühmte Seismograph der Befindlichkeit des »modernen Menschen« hätte in dieser Lesart die Anwartschaft auf eine weitere Berühmtheit, weil er auch noch ein versteckter, genialer Spaßmacher war.

Jetzt vielleicht nur noch einen Band, sagte ich und griff nach »Kulturen – Räume – Grenzen«, einem interdisziplinären Kolloquium zum 60. Geburtstag des Mainzer Volkskundlers Herbert Schwedt (1934–2010). *Der Band ist mir wichtig, weil sich darin einige Fotos meiner akademischen Lehrer an der Johannes-Gutenberg-Universität Mainz befinden. Zwei davon sind allerdings nicht abgebildet, nämlich der Philosoph Rudolf Malter (1937–1994) und der Germanist Wolfgang Düsing (Jg. 1938). Richard Wisser habe ich bei unserer kleinen Führung schon eingehender erwähnt. Herbert Schwedt* (ich zeigte ein Foto) *erlebte ich als besonnenen, vollkommen unprätentiös auftretenden Mann. Gerne rauchte er Rillos, auch bei meiner mündlichen Examensprüfung, wo er mir einen Kaffee anbot, den ich jedoch mit Dank ablehnte. Das Rillosrauchen des Professors fand ich beruhigend. Ich weiß nicht mehr, was meine Prüfungsthemen waren, sondern nur noch, dass zwei Minuten vor dem Ende eine kurze Pause eintrat; der Professor hatte seine Fragen gestellt. Mir fiel ein, was ich noch sagen konnte zum letzten Prüfungsthema und redete drauflos. Der Professor nickte mir dankbar zu.*

Ich vollführte einen sanften Handaufschlag aufs vierte Fach, um zum nächsten Professor zu kommen:

Bei dem überraschend und früh verstorbenen Kant- und Schopenhauer-Forscher Rudolf Malter belegte ich ein Kant-Seminar über die Einleitung der »Kritik der reinen Vernunft«. Ich erinnere mich besonders daran, wie ich Malter einmal vor einer Seminarsitzung in voller Konzentration den Gang im Philosophicum entlanggehen sah, um die Punkte der anstehenden Sitzung zu erwägen; so tat er es immer vor einer Lehrveranstaltung.

Hast du eine Erklärung dafür, dass du dich gerade an <u>eine</u> Begegnung dieser Art besonders erinnerst?, fragte Thomas Berger.

Wahrscheinlich, weil ich ihm dabei für einen Moment ins Gesicht sehen konnte, was sonst nicht der Fall war, antwortete ich.

Thomas Berger nickte mir zu.

Den Germanisten Dieter Kafitz (1937–2004), fuhr ich fort, *suchte ich einmal zur Besprechung einer Hausarbeit über Wilhelm Raabe auf. Ich glaube, wir einigten uns auf Aspekte in »Die Akten des Vogelsangs«. Was ich noch genau weiß, ist unsere Unterhaltung über Bobby Fischer und dessen Siegeszug im Interzonenturnier und bei den Kandidatenwettkämpfen auf dem Weg zur Weltmeisterschaft 1972 in Reykjavik. Der Literaturwissenschaftler quittierte diesen Siegeslauf mit einem bewundernden Stöhnen. Er fragte mich, ob ich eine bestimmte Eröffnungsvariante kenne, auf mein Verneinen suchte er nach etwas zu schreiben, um die Variante zu notieren. Dann verblasst meine Erinnerung.*

Wie kamt ihr auf Bobby Fischer zu sprechen?

Ich führte damals, wie schon erwähnt, im größten Hörsaal P1 der Mainzer Uni mit einer bunten Truppe mein Stück »Robert James F.« auf – ein Namenskürzel für den bürgerlichen Namen Fischers. Kafitz sagte, dass er mit seinem Oberseminar eine Vorstellung besuchen wolle.

Wieder vollführte ich einen sanften Handaufschlag aufs vierte Fach, um zu meinen beiden *Hauptprofessoren* in der Germanistik überzuleiten. In diesem Augenblick kam meine dreijährige Tochter ins Zimmer gerannt: *Papa, Papa, ich will mit euch spielen. Hört auf zu reden.*

Gleich, Livi! Gleich sind wir fertig, dann spielen wir mit dir.

Meine beiden »Hauptprofessoren« in der Germanistik, begann ich, *waren der Mediävist und Sprachwissenschaftler Wolfgang Kleiber (1929–2020) und der Literaturwissenschaftler Wolfgang Düsing.* (Ich blätterte in »Kulturen – Räume – Grenzen« und zeigte ein Foto Wolfgang Kleibers): *Eine Zeitlang war ich Kleibers »Hiwi« – Hilfswissenschaftler – ich trug seine Tasche von seinem Dienstzimmer zum Vorlesungssaal, dort füllte ich ein Glas Wasser und stellte es auf das Rednerpult. Energiewellen der Verachtung umspülten mich jedes Mal. Mir selbst kam es nicht weiter servil vor, die Handlungsweise meines Vorgängers im »Amt« des »Hiwi« zu wiederholen. Nach einer abendlichen Seminarsitzung begleitete ich Kleiber wie immer auf sein Dienstzimmer. Dort politisierte der Professor über den Krieg Sadam Husseins gegen Kuwait. Er hörte gar nicht mehr auf, ich konnte kaum noch stehen und bekam ein immer stärkeres »Kribbeln« in den Beinen. Schließlich sagte ich, dass ich gehen müsse und eilte davon. Die gleiche Situation wiederholte sich, als Kleiber über die Nachfolgepartei der SED schimpfte.*

Thomas Berger lächelte freundlich.

Kleibers Frage an mich, ob ich seinem Mitarbeiterstab im Forschungsprojekt zum »Wortatlas der kontinentalgermanischen Winzerterminologie« beitreten und auf diesem Gebiet meine Magisterarbeit schreiben wolle, verneinte ich. Mittlerweile saß ich in Seminaren des Literaturwissenschaftlers Wolfgang Düsing, der schließlich als Erstkorrektor meine Magisterarbeit bewertete. Bei Düsing erfuhr ich, wie Wolfgang Kleiber hinter vorgehaltener Hand in der neueren Literaturwissenschaft genannt wurde: der Kontinentalgermane. Bei meiner mündlichen Prüfung in Germanistik stellten mir Wolfgang Düsing und Wolfgang Kleiber ihre Fragen. Als ich eine These zur Herkunft Hartmann von Aues vortrug und Wolfgang Kleiber abschätzig den Kopf schüttelte, rief Wolfgang Düsing als Protokollant dazwischen, das habe er auch so gelernt. Professor Kleiber winkte nur ab. Einige Jahre später traf ich den Sprachwissenschaftler und Mediävisten im Supermarkt und begrüßte ihn, er wusste nicht mehr meinen Namen und fragte mich danach. Dann erkundigte er sich nach meiner beruflichen Situation, ich antwortete: Lehrer, er wollte noch wissen, ob ich verbeamtet sei, und lächelte mir auf mein zustimmendes Nicken freundlich zu. Wieder einige Jahre später entdeckte ich ihn im Straßenverkehr und hatte den Eindruck, er irre umher, aber er hatte wohl nur einen schleppenden Gang angenommen. Er war fünf- bzw. siebenundsiebzig Jahre alt, als von ihm Editionen von Otfried von Weißenburg erschienen, dem er schon seine Habilitation gewidmet hatte. *Im Sommer des Jahres 2020 ist er neunzigjährig gestorben.*

Durch ein Schnaufen signalisierte ich ein neues Wort:
Wir sind am Ende meiner Führung angelangt.

Ich schloss die beiden Regaltüren und verbeugte mich vor Thomas Berger:
Vielen Dank für dein Interesse an meinen Buch- und Privatgeschichten, vielen Dank für deine Geduld!

Thomas Berger drehte sich nach rechts und zeigte auf meinen Sekretär, über den ich neun gerahmte Bilder an die Wand gehängt hatte.

Hier entsteht dein zweites Museum, scheint mir.

Eine Museumsecke mit geplanten einunddreißig Bildern, entgegnete ich; *für jeden Tag des Monats eine gute Erinnerung an meinen Mentor.*

Wir wandten uns zur »Museumsecke«. Thomas Berger sagte:

Ja, das hast du erwähnt. Einige Bilder kenne ich schon und weiß um ihre Bedeutung, aber zum Beispiel dieses hier, was hat es damit auf sich?

Hier habe ich die Rollen mit meinem Mentor getauscht, antwortete ich. *Er ist wieder jung geworden, mit vollem Haarwuchs über den Ohren und ohne Brille. Ich dagegen sehe schon etwas gebeugt aus; bebrillt war ich schon in den Internatsjahren.*

wolkenthrone

wir changieren jetzt
als sohn bin ich dein vater
schaue zu dir auf

neues, schönes wort
das gespräch gefällt wie nie
lächelnd konjunktiv

ein beter warst du
zu den wolkenthronen
dorthin geh ich jetzt

den tod besiegen
wie es echter freundschaft ziemt
nach dem alten wort

Im Buch finden sich folgende Selbstzitate:

Sämtliche Gedichte sind erschienen im Blog:
https://www.die-schreib-art.de/autoren/johannes-chwalek/

Die Textpassage S. 23 f. „Griechisch-römische Antike […] wieder neu entstehen kann." ist veröffentlicht in: Ein Querschnitt: Philosophie, Ökologie, Politik, Literatur und Geschichte. Texte, Essays, Erzählungen und Gedichte. Herausgegeben durch das Literaturpodium, Dorante Edition. Berlin 2012, S. 143 f.

S. 46 f.: „Ungefähr elfhundert Abendgebete" ist veröffentlicht in: Angela Lüdtke (Hrsg.): Verschiedene Wege – ein Ziel. 50 Jahre Geschwister-Scholl-Schule Bensheim. Bensheim 2021, S. 234.

Die Rezension S. 89 ff. ist veröffentlicht in: Zeitschrift für die Geschichte der Saargegend (ZGS), Ausgabe 68 – 2020. Herausgegeben von Sabine Penth in Zusammenarbeit mit Christina Abel, Joachim Conrad, Linda Hammann und Hans-Christian Herrmann im Auftrag des Historischen Vereins für die Saargegend e.V., S. 363 ff.

Die Haiku auf S. 111 f. „lass den zweifel nicht" und „zurückkehren; nicht / als rächer" sind veröffentlicht in: Kastanienkerzen. Haiku und andere Kurzgedichte, Aphorismen. Herausgegeben durch das Literaturpodium, Dorante Edition. Berlin 2013, S. 35.

Das Zitat S. 141 „Ja, das Alter" stammt aus: Hans Therre: Elsterbach. Eine Art Heimatroman. St. Ingbert 2020 (Conte Verlag), S. 95 f.
Das Gedicht S. 140 „Oft denk ich an die Tage meiner Jugendzeit" stammt aus: Han Shan. 150 Gedichte vom Kalten Berg. Köln 1984 (Diederichs Gelbe Reihe), S. 55.